Norsholmen

Langhammars
Helgumannen

Friggars

Fårö Kyrka
Fårö
Hammars

Fårösund

)amn

Bungenäs

Lärbro

Furilden

Slite

Boge

Gothem

d

:bo

Östergarnsholm

Katthammarsvik

Ljugarn

O S T S E E

AF152162

| 0 | 10 | 20 | 30 km |

mare

ANNE VON CANAL

Mein Gotland

Erzählungen
von Wind, Zeit und
Einsamkeit

mare

1. Auflage 2020

© 2020 by mareverlag, Hamburg

Lektorat Angela Volknant, Hamburg

Karte Peter Palm, Berlin

Typografie Iris Farnschläder, mareverlag

Schrift Plantin

Druck und Bindung CPI books GmbH, Germany

ISBN 978-3-86648-623-2

www.mare.de

Für Arndt

Gegen die Einsamkeit scheint es
kein anderes Mittel zu geben
als das Alleinsein.

John Steinbeck

An einem unbekannten Ort anzukommen, ist wie der erste Kuss mit einem Fremden.

Die Entdeckung.

Die erste Berührung der Lippen, rau oder weich, feucht oder fest, spröde?

Der Atem, die Wärme.

Der Moment, in dem aus einem Fremden ein Vertrauter wird, lässt sich nicht wiederholen, nicht rückgängig machen, nicht verändern.

Der erste Kuss ist der eigentliche.

Gotland küsste mich zum ersten Mal an einem Novembertag. Schneestürmisch und entschieden.

So ist es zwischen uns geblieben.

Gotland ist meine Winterinsel.

Sie ist wild und seltsam, verschwiegen und oft undurchsichtig, aber auch freundlich und großzügig, wie eine kluge Dame, die alles gesehen und nichts versäumt hat, nicht gefallen will und keine Erwartungen erfüllen muss.

Und manchmal ist sie so still, dass man erschrickt, wenn sie doch plötzlich ihre Stimme erhebt.

1 Fortuna.

Hier liegt das Glück verrostet im Meer; verlassen und aufgegeben zerfällt es langsam im Angesicht der Gezeiten, des Windes und der Jahre. Wird täglich kleiner, poröser, durchlässiger und gibt dennoch nicht auf. Noch nicht.

Fortuna.

Viel mehr als die Bugspitze ist von dem alten deutschen Frachtschiff nicht übrig, doch die ragt hoch aus den Wellen, hält den Namen eisern über Wasser.

Ich muss lachen über so viel Symbolhaftigkeit.

Auf den Rostlöchern im Schiffsstahl pfeift der Novemberwind ein ungestümes Lied, er pflückt die Gischt von den heranrollenden Brechern und trägt sie in wehenden Fahnen davon, zurück aufs Meer. Er war es auch, der mich hergeschoben hat, eine Hand fest in meinem Rücken, über Stein, über Stein, über Stein. Kilometerweite, karge Kalksteinflur. Geh, bis du nicht mehr weiterkannst, geh und sieh dich nicht um!

Das ist Norsholmen: Außenposten des Außenpostens. Der nördlichste Zipfel Fårös, dieser eigensinnigen Schwesterinsel, die wiederum selbst wie ein Zipfel an der Nordspitze

Gotlands hängt. Das ist dort, wo selbst die Heide aufgibt, wo auch die trutzige Geröllebene nicht mehr Land sein mag und sich dem Meer ergibt.

Keine Seemöwe krächzt am saphirblauen Himmel, und kein verirrtes Schaf ruft; der Kalksteinbruch, den ich auf halbem Weg passiert habe, lärmt schon seit Jahrzehnten nicht mehr. Hier ist wochen-, vielleicht sogar monatelang niemand mehr gewesen, seit der Sommer und die wenigen Besucher sich in wirtlichere Gefilde verzogen haben.

Ein Stück weit draußen an der Sandbank, dem Salvorev, brechen sich schwarzblau die Wellen. Ich las, das Riff trage seinen Namen des Passionsgedichts wegen, das schiffbrüchige Matrosen anstimmten, wenn sie dem Tod gottesfürchtig ins Auge sahen und Trost suchten in einem alten, größeren Leiden:

Salve, caput cruentatum,
totum spinis coronatum,
conquassatum, vulneratum,
arundine verberatum,
facie sputis illita.

Rhythmus und Reim. Bangen und Hoffen.

Oh, Haupt voll Blut und Wunden. Fast höre ich die beschwörenden Stimmen, die, auf Rettung harrend, diese martialischen Worte kreisen lassen wie ein Karussell.

Mich schaudert.

Ob die Crew auf der *Fortuna* ans Beten dachte, in dieser stürmischen Oktobernacht 1969, als sie ihr Schiff verlor?

Nirgends ein Licht. Windstärke zehn, und die Wellen schlagen über das Vorschiff. Der Kapitän und der Steuermann navigieren durch die dichte Finsternis, wohl kaum mit einem Lied auf den Lippen. Konzentriert starren sie hinaus und erkennen doch zu spät, dass sie in der Bucht Ekeviken in eine gefährliche Sackgasse geraten sind. Alle Versuche, zurück in offenes Gewässer zu kreuzen, scheitern. Krachend läuft die *Fortuna* auf Grund, nur dreißig Meter vom Ufer entfernt, und sie können nichts tun. Notraketen! Dreißig Stück schießen sie ab. In der Ferne passiert ein Schiff, doch das Dunkel reißt nicht auf. Kein Scheinwerferkegel, der übers Wasser zu ihnen huscht, nicht mal der zuckende Punkt einer Taschenlampe im nahen Uferwald. Sie lassen das Rettungsboot zu Wasser, entschlossen, es auf eigene Faust zu versuchen, ehe das Leck zu groß wird und die Kraft der Wellen sich ungehindert Bahn bricht, doch sie kommen nicht von Bord. Zu wild die Brandung. Es ist kurz vor vier Uhr morgens, als eine Patrouille des Grenzschutzes das Schiff endlich entdeckt, die Küstenwache informiert und den Hubschrauber zur Bergung anfordert.

In der Zeitung *Gotlands Allehanda* am nächsten Tag ein Foto der befreiten Crew mit folgender Bildunterschrift: »Die mit dem Helikopter gerettete Besatzung der *Fortuna* am Kaffeetisch in der Polizeiwache von Visby. Von links: die Köchin Fockra Voss und ihr Mann, Steuermann Walter Ross, Aurich. Der Matrose Käse Hodnstta, Apeldorn, Holland; der befehlshabende Kapitän, Dieter Baschin, Bremen, und der Matrose Nanne Meyer, Emden.«

Käse Hodnstta? Fockra Voss und Walter Ross? Nanne Meyer? Allein die Namen schreien nach einer Kurzgeschichte.

Die Telefonverbindung, über die ihre Daten übermittelt wurden, muss sehr schlecht gewesen sein.

Da steht ein aufgeregter Lokalreporter in der Telefonzelle in Sudersand – dieser einen Telefonzelle, von der aus Staatsminister Olof Palme alle seine Anrufe tätigte, wenn er Sommerferien auf Fårö machte (denn in seiner Hütte hatte er weder fließend Wasser noch Strom noch Telefon) – und schreit in den Hörer: Ich verstehe dich so schlecht! Wie heißt der Kerl?

Und auf der anderen Seite schreit es zurück: Käse, wie *ost*, nur auf Deutsch!

Was? Wurst?

Nein, Kalle! Käse!

Und der Wind ist noch längst nicht abgeflaut und brüllt immer noch sehr laut, Regentropfen wehen durch die Luft, und für Kalle ist es wahrhaft schwierig, unter diesen Umständen gleichzeitig den Block, den Stift, den Hörer und die Zigarette zu halten.

Wieder an seinem Schreibtisch, betrachtet er unsicher seine Aufzeichnungen. Hm. Ob er lieber zurück zur Telefonzelle geht und noch mal anruft? Ein Blick aus dem Fenster ins Unwetter, dann gibt er seinem Journalistenherzen wahrscheinlich einen Ruck und dichtet diesen fremden Menschen Namen an, die in seinen Ohren deutsch genug klingen, um nicht schwedisch zu sein.

Von Lügenpresse spricht noch niemand.

Es ist nicht genau zu sagen, was »von links« bedeutet, denn die fünf Crewmitglieder sitzen versetzt in zwei Reihen hinter einem Tisch. Erste Reihe, dann zweite Reihe? Oder systematisch von links nach rechts?

Fockra, die Köchin, in gemusterter Bluse unzweifelhaft am linken Rand. Mausezähnchen und ein rundliches Gesicht mit kleinem Doppelkinn. Neben ihr, der massive, vierschrötige Türstehertyp mit dem dunklen Gesicht, dem dunklen Bart, dem dunklen Blick – ist das Walter? Ist *der* Fockras Mann? Oder doch eher der Schmächtigere schräg hinter ihr? Zwei Männer wie Tag und Nacht.

Ich schaue ihr in die Augen. Aber ihr Blick verrät kein Gefühl, keine Zugehörigkeit, nur eine blitzwache, aufgeschreckte Erschöpfung.

Der Dünne ganz rechts, mit einer Art Seitenscheitel auf dem Kopf und Zigarette in der Hand, ist vermutlich der Holländer Käse, und hinter ihm, der einzige der Männer im Hemd, ist das Dieter, der Kapitän?

Sie alle wirken unerhört wenig seemännisch; dazu kaum vertraut oder verbunden, als säßen sie rein zufällig hier zusammen bei der Visbyer Polizei, nur vereint in einem Punkt: Resignation. Keiner zeigt auch nur den Ansatz eines Lächelns für die Kamera.

Ob es Streit gegeben hat? Wegen Fockra?

»Frauen an Bord bringen Unglück und Mord«, heißt einer von tausend alten Seemannsaberglauben. Und selbst 1969, als man sich in der Küstenschifffahrt bestimmt für sehr fortschrittlich hielt, werden es manche Seeleute noch als böses Omen gewertet haben, wenn eine Frau zur Crew gehörte.

14

Ob es schon Diskussionen gegeben hatte, ehe sie in Antwerpen ausliefen? Und dann später, in der Sturmnacht, als sie endgültig festsaßen? Ob sie Fockra die Schuld gaben? Offen? Heimlich?

Hat Nanne geschrien: Ich hab euch gewarnt! Ich hab euch ja gewarnt? Und Walter, hat er mit der Faust auf den Tisch gehauen? Hat er den hysterischen Matrosen am Kragen gepackt und ihn an die Wand gedrückt, hat er gezischt: Du kleine Ratte, ich schmeiß dich über Bord, wenn du nicht dein Maul hältst! Haben sie sich geschlagen, ihrer Verzweiflung über die aussichtslose Lage handfest Luft gemacht? Hat der Kapitän eingegriffen, oder hat er vielleicht schweigend zugesehen, weil er insgeheim selbst dagegen gewesen war, die Frau des Steuermannes anzuheuern? Denn, ja, ganz ehrlich, wer war er denn, das Schicksal herauszufordern?

Und Fockra? Saß sie mit klopfendem Herzen zwischen taumelnden Töpfen und Suppenkellen unten in der Kombüse und jammerte: Vater unser im Himmel, mach, dass es nicht meinetwegen passiert ist!

Vielleicht. Vielleicht waren sie aber auch Freunde; erschöpfte Kollegen nach einer langen Nacht, ohne Schiff jetzt, dafür mit einem Haufen Probleme.

Wer kann schon sagen, was sie gemeinsam durchgestanden hatten. Durch wie viele Stürme die *Fortuna av Rhaudermoor* sie schon sicher geschaukelt hatte, ehe sie, kaum auf der Hälfte des Weges nach Örnsköldsvik, einsehen mussten, dass das Glück nur ein Name war und sie in Wahrheit gerade verließ?

Die Ebbe lässt schöne Trittsteine aus dem Wasser schauen, und ich springe mit großen Schritten von einem zum nächsten, um dem Wrack noch näher zu kommen. Es zieht an mir; hat schon an mir gezogen, seit ich vor ein paar Tagen zum ersten Mal von ihm reden hörte, zufällig, und heute Morgen, als ich noch in der Küche saß und mir für den Tag eine Thermoskanne mit Tee vorbereitete, da rief es: Komm, komm. Schau dir an, was werden kann.

1917. Als die *Fortuna* vom Stapel lief, war meine Großmutter fünf Jahre alt und spielte mit ihrer Zwillingsschwester vierhändig auf dem Klavier die *Ode an die Freude*. Ihr Vater, der Alte Pundt, erhielt laut Marineverordnungsblatt vom 1. Juli den Charakter eines Korvettenkapitäns, obwohl er offiziell bereits außer Dienst war, und wurde eingezogen. Nach drei Jahren endlosen Schlachtens ging dem Krieg langsam die Puste aus, und es wurde jede verfügbare Einsatzkraft gebraucht, selbst die eigentlich Ausgemusterten. Glück und Hoffnung waren in diesen Tagen so selten geworden, dass die Taufe eines Schiffes auf den Namen *Fortuna* wie ein Pakt mit dem Schicksal erscheint. Er hat lange gehalten, aber nach gut fünfzig Jahren, an jenem stürmischen Oktobertag 1969, verlor er seine Gültigkeit.

Seither stirbt die *Fortuna*, von der Welt vergessen, an diesem alten Strand ihren langsamen Tod und erfüllt immerhin noch den einen Zweck: in ihrem Verfall die Zeit sichtbar zu machen, die ansonsten weitgehend unbemerkt über die silbergrau schimmernde Steinlandschaft zieht.

Auf einem Felsstück im Wintermeer balancierend, was weder klug noch sinnvoll und dennoch unumgänglich ist, strecke ich den Arm, die Hand, die Finger aus, mache mich lang, ganz lang, um das hundert Jahre alte Eisen zu berühren. Vergeblich. Ein paar Meter fehlen mir.

Arm z'kurz!, höre ich die Stimme meines Vaters und sehe vor mir, wie er sich dabei belustigt mit dem Zeigefinger an die Wange tippt – als könnte seine Hand die Schläfe nicht erreichen, um mir einen Vogel zu zeigen. Ich weiß nicht, wie viele Jahre ich gebraucht habe, um diesen Witz zu verstehen. Gut möglich, dass darüber meine Kindheit vergangen ist.

Eine siebte Welle spült mir Wasser und Tatsachen in den Schuh: Es ist Zeit.

Ich muss zurück zum Wagen, ehe ich zu frieren beginne, ehe die Sonne untergeht und das Ummichherum zu groß wird und ich zu klein. An den Rückweg habe ich, als ich losging, nicht gedacht, nur an das Wrack mit seiner sirenenhaften Anziehungskraft.

Ahoi, *Fortuna*!, brülle ich zum Abschied, so laut ich kann, dann stemme ich mich gegen den Wind, der mich kaum fortlassen will von hier und mir unablässig ins Gesicht beißt.

An den Kieshaufen im ehemaligen Kalksteinbruch, die sich weiß in den Himmel türmen, ducke ich mich für einen Moment hinter einen Fels, um Luft zu holen. Sie schmeckt nach Salz und Kalk. Knirscht mineralisch.

Aus dem Augenwinkel nehme ich ein Stück entfernt eine Bewegung wahr. Ich schiebe die Kapuze zur Seite. Da ist nichts. Nicht mal ein Vogel.

Als ich endlich ins Auto steige, schmerzen meine Wangen, meine Stirn, meine Zähne.

Es fällt schwer, in diesem Moment nicht über Einsamkeit nachzudenken. Wie es überhaupt schwierig ist, über eine Insel zu schreiben, ohne Einsamkeit zu meinen.

Heißt »Insel« übersetzt nicht »Ich bin allein«?

Die Insel.

Sie ist nicht Meer und nicht Festland.

Sie ist das, was der Negierung von beidem, diesem unscheinbaren »Nicht«, entspringt. Per Definition ein deutlich abgegrenztes, überschaubares Etwas in einer es umschließenden großen Masse.

So denken wir sie: abgeschieden, isoliert, klein.

Ein Ort, an dem Einsamkeit gleichermaßen Voraussetzung wie Möglichkeit ist. An dem sie eine Berechtigung hat.

Das natürliche Einsamkeitsvorkommen auf Inseln.

Ist es das, was mich Winter für Winter wieder nach Gotland zieht?

Hier ist Einsamkeit ein Raum, den ich betreten kann.

Da staple ich ruhig meine wenigen Sachen in den Schrank, streiche die Bettdecke glatt und lege prüfend die Hand an die Heizung. Sie ist warm. Minuten, Stunden, Tage schaue ich über das Meer, das keine zwei Momente dasselbe ist, und habe keine Angst.

2 Es ist ein kontrastloser Tag. Versupptes Dunkelweiß.
Die Straßen sind mit einer unsichtbaren Eisschicht
glasiert. Autos tasten sich über Kreuzungen und Kreisver-
kehre, und zwischen einem ausführlichen Bericht über das
Verstricken von gotländischer Lammwolle (Schafe heißen
hier Lämmer, und Lämmer heißen Lammkinder, und wer
das nicht weiß, ist ein Bockskopf) ruft das Radio die fröhli-
che Empfehlung zu mir herein: Fahren Sie vorsichtig, dann
kommen Sie sicher an!

Einmal durch den Kreisel gekommen, halte ich das
Lenkrad fest auf Kurs. Der Toftavägen erspart mir ansonsten Kurven, geht stur geradeaus. Nicht weit, knapp drei
Kilometer in südlicher Richtung aus Visby heraus, ist da
schon die Visborgsslätt, ein großes Feld, und mitten drauf
der Oscarssten, ein mächtiger grauer Stein von vier Kanonen bewacht. Dieses patriotische Monument der gotländischen Heimatwehr mutet in seiner Großspurigkeit seltsam
amerikanisch an, hier mitten im Nirgendwo.

Ich biege im Schneckentempo links ab, die Reifen verlieren dennoch die Haftung. Das Feld kommt näher, und
näher. Rumpelnd rutsche ich mit dem Heck vom Asphalt,
bleibe stehen. Schaue.

Gleich hinter dem Feld beginnt der Wald.

An dessen Rand, am Ende der Allee, stand früher das Haus.

Dieses Haus.

Mit herrschaftlicher Auffahrt, einer Fahne auf dem Dach und Spitzengardinen in den Fenstern glänzte es so vortrefflich, als der Lagerverwalter des gotländischen Panzerregiments in den Zwanzigerjahren hier Hof hielt: Kinder in Matrosenanzug und Frauen mit Sonnenschirmen auf dem gepflegten Rasen, die feinen Herren auf der Veranda und das Truppenübungsgelände von P18 gleich nebenan.

Ab und zu vibriert der Waldboden. Es ist ein tiefes Grollen, das die Tassen leise zittern lässt, sodass sich im Kaffee feine Wellen kräuseln, und die Bäume schütteln kaum merklich ihre Zweige, gerade so viel, dass das Laub raschelt, als führe ein kleiner Wind hindurch, als erwachte die Erde. Dann dumpfer Kanonendonner. Ach, sie üben wieder Schießen, seufzt jemand, dann fährt man fort, die Sonne zu genießen und die gepflegte Konversation.

Viele Jahre war es ein gutes Haus, mit Ansehen und Bedeutung, doch beides starb mit dem letzten Verwalter, und bald dienten die Räume nunmehr zur Lagerung von Sachen, die niemand mehr brauchte. Das Haus selbst hätte man dort drinnen gelagert, wenn es nur ginge.

Langsam wurde es morsch.

Die Dachrinnen müde, die Fensterläden schief. Ein weißer Flieder wuchs ihm über den Kopf, streckte die Arme und Dolden zu den Fenstern herein wie ein Dieb, der heimlich Geschenke brachte – doch niemand freute sich daran.

1968 sollte es weg.

Für den Herbst waren die Bagger bestellt. Doch statt der Bagger kamen Anstreicher und Zimmerleute. Es kamen Lkws mit Filmequipment und Filmmenschen. Wie ein Bienenschwarm summten sie heran und herum und verwandelten das müde Gebäude in eine kunterbunte, anarchische Insel der Glückseligkeit. Es kamen ein Äffchen und ein Pferd, und im Garten wuchs ein Limonadenbaum. Und es kamen Kinder. Viele Kinder.

Die Allee ist noch da, unverkennbar. Die kahlen Winterbäume stehen in Reih und Glied, am Ende der Fahrspur ein schweres Tor, ein hoher Zaun, gut gesichert.

Ich suche einen Hinweis auf das Grundstück, auf dem die Villa stand. Reste eines Fundaments vielleicht? Oder möglicherweise ist der große Flieder noch da? Ein Stück Gartenzaun?

Irgendetwas muss doch zu finden sein von meinem einstigen Gedankenspielplatz, der Geburtsstätte meiner Vorstellung von Unbeschwertheit und Abenteuer.

Unschlüssig gehe ich hin und her, weiß nicht, wo ich suchen soll. Ein paar Schritte in ein irgendwie symmetrisch aussehendes Gebüsch, ich breche durchs Unterholz, finde jedoch nichts.

Eine Frau, die ihren Hund ausführt, geht vorbei, sieht skeptisch herüber, ich nicke und grüße freundlich. Als sie sich ein wenig später noch einmal umdreht, als hielte sie mich für eine Mörderin, die hier ihre Leichen vergräbt, winke ich ihr zu.

Wer will für ein paar Kronen und einen Haufen Süßigkeiten als Lohn lärmend durch die Straßen rennen? Sich bei einem Gartenfest mit Kuchen den Bauch vollschlagen und mit Torten werfen? Auf Bäume klettern und Geschenke abpflücken und auf tönernen Vogelpfeifen traurige Lieder spielen? In der Wiese liegen und heimlich wilde Erdbeeren auf einen Grashalm fädeln?

Als Regisseur Olle Hellbom und das Filmteam nach Visby kamen und kleine Statisten suchten, mussten die Kinder nicht lange überlegen, was sie in ihren Ferien anfangen wollten. Dabei sein war alles, sagt bis heute jeder, der dabei war.

Was hätte ich darum gegeben, ein Mal auf diesem Pferd zu reiten, in dem rauchenden Backofen Pfefferkuchen zu backen, über Tische und Bänke zu toben, an der Lampe zu schaukeln.

Eines dieser Kinder sein!

Nicht Pippi. Nein, niemals Pippi. Wer war schon so frech, stark und mutig? Vorlaut, das bekam ich noch hin, aber derart furchtlos? Nein, das war ich nie.

Natürlich beneidete ich die Piratentochter um ihre scheinbar endlosen Ressourcen von Süßigkeiten und Gold und ihre Souveränität, doch um deren Kehrseite beneidete ich sie nicht. In all der lauten Schrägheit nahm ich auch schon als Kind deutlich eine flächige, blasse Leerstelle wahr – eine unleugbare tiefe Verlassenheit, die große Ähnlichkeit hatte mit dem namenlosen Gefühl, das mich manchmal nachts unversehens überfiel und knebelte –, und das machte mir Angst. Im Licht der auf- und untergehenden Sonne war und blieb Pippi, das wusste ich, eine Insel. Frei, aber allein.

In mir wohnte vielmehr eine Bedenken tragende Annika, mit Socken in den Sandalen und farblich zur Hose passenden T-Shirts, die das verrückte Dasein, das Pippi kreierte, gerne teilte, aber abends lieber wieder ins sichere Zuhause ging und sich die Ohren wusch.

Die meisten anderen wollten Pippi sein. Behaupteten sie.

Traumtänzer, Hochstapler, Angeber! Niemand kann Pippi sein!

Niemand außer der kleinen Inger Nilsson, die als Neunjährige ganz freimütig und unbedarft einer Kunstfigur ihr Gesicht lieh und es niemals mehr zurückbekam. Ihr Lächeln, ihre Grübchen gehören einer anderen, seit über fünfzig Jahren schon. Ein Leben hinter einem entfremdeten Gesicht, wie muss das sein?

Ich bin es! Inger! Ich bin Inger, Inger, Inger Nilsson!, ruft sie allmorgendlich in den vom Duschen beschlagenen Spiegel, doch sobald sich der Nebel lichtet und das Spiegelbild langsam auftaucht, verhöhnt es sie, und die Welt straft sie Lügen, kaum dass sie das Haus verlässt, und erwidert erbarmungslos: Ich kenne keine Inger. Du bist Pippi. Wer sonst sollte denn Pippi sein? Du trägst doch ihr Gesicht!

Und Inger senkt den Kopf und wünscht sich ein neues Antlitz, eine neue Chance.

Doch von dieser späteren Verzweiflung wusste sie damals nichts, als sie das Casting gewann. Obwohl sie eher ängstlich und schüchtern war, ließ sie sich wieder und wieder von der aggressiven Meerkatze bepinkeln und kratzen; sie lernte reiten, zungenbrechende Worte und komplizierte Sätze und schwamm eine Weile zu Recht ganz oben auf der schäumenden Woge der Begeisterung und des Erfolgs, des noch unbekannten, lockenden Ruhms, der öffentlichen Liebe, die ihr – also Pippi – entgegengebracht wurde.

Ein Sommermärchen.

Kaum war die letzte Klappe gefallen, verließ das Filmteam die Insel ebenso plötzlich, wie es sie eingenommen hatte; das Rampenlicht, das ganz Visby – seine brave Stadtmauer, seine Gassen, seine Häuser, seine Menschen – kurios in Szene gesetzt hatte, erlosch, und alles war wieder nur Stein und Alltag.

Und das Haus an der Visborgsslätt? P18?

Grell geschminkt und äußerlich herausgeputzt, stand es am Waldrand und wusste nicht, wohin mit sich.

Die Frau mit dem Hund winkt mir nicht zurück, sie geht einfach weiter durch froststarren Laubwald, der vorgibt, sich an nichts mehr zu erinnern.

Hat sie denn noch nie nach Spuren ihrer Kindheit gesucht? Hat sie noch nie gedacht, sie könnte etwas aufspüren, das ihr einmal sehr wichtig war? Hat sie noch nie gehofft, im Nachhinein etwas von sich zu begreifen und sich selbst dadurch ein bisschen näherzukommen? Etwas, das ganz am Anfang in ihrem dicken Gedächtnisbuch steht – diese ersten Seiten, die, auch wenn sie nicht mehr so gut lesbar sind, entscheidend waren für die Richtung ihrer Geschichte.

Ich winke noch ein bisschen weiter. Nicht mehr ihr, sondern der Zeit, dem Haus. Wie die Kinder damals.

Sie winkten, oder sie standen einfach da; an der Hand ihrer Eltern, mit offenen Mündern, schauten zu, wie die Villa Villekulla sich langsam von der Erde hob; dieses kunterbunte Haus, in dem sie eben noch so viel Spaß hatten, es knackste und quietschte und krachte im Gebälk, als wollte es aufgeben und auseinanderbrechen, zu alt für Abenteuer. Zu müde. Doch es hielt, es schwebte, dreißig Zentimeter über dem Boden vielleicht. Wer bitte hatte so etwas je gesehen? Ein schwebendes Haus?

Applaus brandete auf, Hurra! Hurra!, als es sich in Bewegung setzte.

Es begann zu schneien, leise und tanzend, während das Unfassbare passierte: Das Haus zog um.

Im Schildkrötentempo verließ es seinen Grund, den Ort, an dem es jahrzehntelang gestanden hatte; die Leitungen wie Wurzeln gekappt, nichts hielt es mehr hier.

Der kluge Geschäftsmann Kronefalk hatte es nach Ende der Dreharbeiten gekauft und vor dem Abriss bewahrt; er hatte andere, größere Pläne.

Die Lkws und Raupen keuchten unter der Last, die sie schleppten, und alle Zuschauer liefen mit, begleiteten dieses seltsame Ungetüm; zwei Kilometer, drei Kilometer, dann war das Ziel, dann war die Zukunft, dann war der Vergnügungspark Kneippbyn erreicht, wo die Villa Villekulla von nun an zum Erlebnis für jedermann werden sollte. Alle, Groß und Klein, trallallalla, lad ich zu mir ein.

Ein Riesenkrake erhebt sich aus einem hochpeitschenden Meer, um Schiffe und Menschen zu verschlingen, gleich nebenan reißt eine Schlange ihr Maul so weit auf, dass ganze Achterbahnzüge in ihrem Schlund verschwinden könnten – doch nichts dergleichen passiert. Im Novemberlicht, wenn keine bunten Lampen blinken, keine Musik aus den Lautsprechern gellt und niemand da ist, der sich fressen lassen oder gruseln könnte, niemand außer mir und ein paar Bauarbeitern, dann bleiben die wildesten Tiere zahnlose Sperrholztiger.

Das *Sommerland* ist eingewintert.

Ich gehe durch die Stille der ruhenden Fahrgeschäfte und geschlossenen Attraktionen, und obwohl ich gerade das Morbide und Brüchige so mag, beschleicht mich ein trauriges Wurstelprater- und Reeperbahngefühl: Wie wenig Vergnügen den Dingen selbst anhaftet, wenn kein amüsierwilliger Gast da ist.

Ich bin zu früh.

Hüpfend bewege ich mich vor der Rezeption auf und ab, während ich auf Bobbo warte, den König über diese Insel der Kurzweil. Hüpfend überlege ich mir Antworten auf die üblichen Fragen nach meiner Arbeit, eine überzeugende Begründung für mein Ansinnen, mitten im Winter Pippis Haus besichtigen zu müssen. Hüpfend bemerke ich, halb verdeckt von einem hohen Zaun und einem Hamburgerrestaurant im Diner-Stil, die unverkennbare Dachformation von P18. Zweifel macht sich breit.

Bobbo fährt mit dem Auto vor, reicht mir aus dem Fenster eine warme Hand.

Mein Herz klopft bang, als er kurz darauf mit einem mächtigen Schlüsselbund das Tor öffnet. Er fragt mich nichts. Wahrscheinlich weiß er auch so, was ich hier suche.

Sommer. Wochen wie ein einziger endloser Tag, sirrend von dicken schwarzen Brummern und jener süßen Langeweile, die nichts anderes ist als die missverstandene Frei-

heit, nichts zu tun, unterbrochen allein vom täglichen Bet-
teln ums Kinderferienprogramm, dem ein, höchstens zwei
Mal in der Woche – mehr ist ungesund – gnädig nachge-
geben wird: Ausnahmsweise. Aber nur ein Film, dann ist
Schluss!

Ich knie auf dem beigefarbenen Teppichboden in unserem Wohnzimmer vor dem Fernsehapparat.

Magische Bilderwelt. Alles ist so echt, so nah, so wahr-
haftig.

Die Mattscheibe ist noch schwarz (einen schemenhaften
Moment lang sehe ich darin mein Spiegelbild von damals,
offene Augen, weite Pupillen, und hinter mir das dunkel-
grüne Cordsofa und dahinter den Durchgang ins Esszim-
mer und darin den Hund), da ertönt ein durchdringender,
unverkennbarer Drehleierton. Vier Mal der gleiche, dann
setzen gut gelaunte Streicher ein und kurz darauf die hohe
Singstimme der kleinen Eva Mattes.

Zwei mal drei macht vier, widdewiddewidd, und drei
macht neune.

Ich kann noch nicht rechnen, gehe ja noch nicht zur
Schule, erst nach dem Sommer, aber ich will, ja, ich widde-
widdewill es dringend lernen!

Ein rotzopfiges Mädchen, das ohne Sattel auf einem
ziemlich großen Pferd an einer Stadtmauer entlangreitet,
kommt ins Bild. Close-up auf ihr Gesicht. Sie blinzelt neu-
gierig in die Sonne, während dicht neben ihrer Wange
der Kopf einer kleinen Meerkatze auftaucht. Klappklapp,
klappklapp, machen die Pferdehufe auf dem Kopfsteinpflaster, und alle auf den Straßen sehen ihr nach. Ich auch.
Ich bin schon mittendrin.

Meine Knie brennen, so aufgeregt rutsche ich auf dem Teppich hin und her.

Geh nicht so dicht ran, mahnt meine Mutter im Vorbeigehen, und dann bleibt sie hinter mir stehen und schaut still eine Weile selbstvergessen mit.

Doch ich kann gar nicht dicht genug dran sitzen, will am liebsten hineinkriechen in die Flimmerkiste und mit all den Kindern spielen, die dort drinnen wohnen. Will ihnen zu Hilfe eilen und sie warnen, wenn Gefahr aus einem Hinterhalt droht, wenn ich Dinge sehe, die ihnen entgehen – warum hört mich auch niemand, wenn ich doch: Achtung, hinter dir!, rufe?

Wie ich das Fernsehen liebte.

Es brachte meine ausgeprägte Sucht nach Geschichten auf eine neue Ebene. Neben dem täglich Vorgelesenen und dem abendlich Erzählten, dessen Protagonisten ohnehin den Großteil meiner Gedankenwelt bevölkerten, setzten sich die bewegten Bilder, Stimmen und Erkennungsmelodien zu unwiderstehlichen Lebenswelten zusammen, die ich nicht immer von meiner eigenen unterscheiden konnte. Und wollte.

Ich baute in meinem Kopf Paläste, Burgen und Häuser der Erinnerung für sämtliche Fernsehhelden meiner Generation. Pippi, Michel, die rote Zora, Silas, Timm Thaler, Luzie und Pan Tau. Sichere Räume, in denen sich nichts veränderte, wo die Parameter, die Bedingungen und das Wetter verlässlich dieselben blieben. Genau wie ich und die Kinder auf dem Zelluloid.

Komm rein, sagt Bobbo und tritt vor mir durch die Tür im Zaun.

Da ist das Haus. Bekannt und fremd.

Blickt mir ruhig aus seinem eingezäunten Gehege entgegen, wie ein altes Tier im Zoo. Umringt von Zuschauertribüne, Restaurant und Piratenschiff steht es da und ist ganz das Gegenteil von anarchischer Freiheit.

Ich hätte es lieber drüben im Wald gefunden. Wild.

Bobbo schließt die Haustür auf.

Voilà, sagt er, und sein Tonfall meint nicht die Villa Villekulla, sondern alles andere. *Voilà* deine Erinnerung, *voilà* deine Illusionen, *voilà* der lang verlorene Teil von dir, *voilà* dein alter Traum. *Voilà*, da guckst du.

Das Kind macht große Augen, als es den Fuß über die Schwelle setzt. Ist bereit zu staunen, zu glauben.

Es ist alles da, wo es hingehört.

Auf der Hutablage liegt der große alte Taucherhelm, im bekannten Bett – die Füße auf dem Kissen, die Decke über den Kopf gezogen – Pippi. Im Halbdunkel gehe ich langsam durch die Räume. Esszimmerstühle, Schrank und Sofa, Lampe. Ich erkenne die Dinge genau wieder, lasse die Fingerspitzen vorsichtig über die Wände streichen, gebe dem Schaukelstuhl einen leichten Schubs und bemerke vor lauter Bestätigung den Durchzug in meinem Kopf nicht.

Eine Tür geht auf und eine andere fällt zu. Es ist alles zum ersten Mal da und gleichzeitig für immer weg.

Nicht eine Sekunde der Pippi-Langstrumpf-Filme wurde im Haus gedreht. Sämtliche Innenszenen sind Studioaufnahmen aus Stockholm.

Hier haben Inger, Maria und Pär nie getanzt, geklettert, gebacken.

Die Möbel und Gegenstände, die die Zimmer im Erdgeschoss bevölkern, sogar ein paar Originalutensilien vom Studioset, wurden nachträglich zusammengetragen und hier arrangiert. Mit unendlicher Mühe und Liebe zum Detail hat man versucht, etwas wiederherzustellen, was es nie wirklich gab. Die Kulisse einer Kulisse, die Illusion einer Illusion. So authentisch wie unmöglich.

Das Licht geht an. Deckenlampen, indirekte Beleuchtung, Strahler erhellen auf einen Schlag den Raum. Eine Tür knarrt laut. Schritte. Ich schaue mich um, aber Bobbo ist nicht mehr da. Dann Annikas flüsternde Stimme: *Ush, vad hemskt.* Uh, wie unheimlich, sollen wir da wirklich reingehen?, bevor in voller Lautstärke die bekannte Titelmelodie über mich hereinbricht. Aus allen Ecken singt es ungebremst fröhlich: *Här kommer Pippi Långstrump!*

Die Show läuft, Bobbo, der Zauberer, hat das Haus geweckt. Nur für mich. Der Atem steht mir wolkig vor dem Mund – vor Verwunderung, oder welches Gefühl es auch sein mag, das sich einen Weg bahnt. Ich staune wirklich, aber das Kind mit den großen runden Augen ist fort. Vielleicht hat es sich im Wald versteckt, an der Visborgsslätt und läuft völlig außer Puste die Allee entlang.

Ich bin jetzt Besucherin, nicht mehr Sucherin.

Stolz wie ein Vater zeigt Bobbo mir die Attraktion mit ihren Finessen, führt mich von Raum zu Raum und erklärt, wie hier im Sommer das Leben über Tisch und Bänke tobt. Ich nicke und nicke und weiß nicht, was ich sagen soll.

Unser Rundgang endet in einem Hinterzimmer, in dem die Theatergarderobe untergebracht ist. Wie ein Eingeständnis von Realität sitzen vor einem großen Spiegel drei leicht verrupfte Pippi-Perücken auf weißen, augenlosen Styroporköpfen. Der Anblick erleichtert mich.

Später bleiben wir noch einen Moment draußen stehen, betrachten das Haus, als wäre es eine Immobilie, die er mir gerade zum Verkauf angeboten hat.

Er sagt: So sieht es also aus.

Ich zögere.

Die Farben, sage ich. Dieses Gelb und Rosa, und das türkisfarbene Dach. War das schon immer so? Ich kann mich überhaupt nicht erinnern, dass das Haus solche grellen Farben hatte.

Er schaut mich an, lächelt und sagt: Tja, du hast wahrscheinlich Schwarz-Weiß geschaut.

Dass ich darauf nicht gekommen bin!

Ich schlage mir die Hand vor die Stirn.

Und behalte für mich, dass mein Schwarz-Weiß immer ziemlich bunt war.

Kaum jemand hier kennt mich.

Hier bin ich niemand und jeder.

Im Laden ein Portemonnaie, in der Bibliothek ein übers Buch gesenkter Kopf, auf der Straße eine schwarze Jacke, im Kino ein dunkles Profil, in der Nacht ein unbekannter Traum.

Ich bin eine Stimme in einer fremden Sprache, eine braunäugige Frau mit einem Muttermal im Gesicht und dunklen Locken drum herum, über die man nichts weiß.

So ist es mir am liebsten. Nicht immer, aber hier.

Nach Gotland reise ich mit leichtem Gepäck.

Ich reise ohne Vergangenheit und ohne Probleme, ich reise ohne Verbindlichkeit.

Ich werde eine Insel.

Eine Grenzlandschaft zwischen Fiktion und Wirklichkeit, wie so viele Inseln vor mir.

Ich verlasse mich, finde das Unbekannte vor und damit überhaupt die beste Möglichkeit zum Schreiben.

3 Mit der Autofähre über den Sund nach Fårö.
Kaum fünf Minuten dauert die Überfahrt, aber auf der anderen Seite liegt eine andere Welt.

Die kurzen Wellen schlagen gegen den gelben Rumpf der Fähre. Ein Stück schwimmende Straße ist sie, mehrspurig und glatt geteert. Hoch oben auf der Brücke steht der Kapitän und steuert uns von hüben nach drüben, will keinen Obolus dafür. Unter meiner Zunge trage ich vergeblich eine Münze für ihn. Er fährt mich gratis über den Styx, oder ist es die Lethe?

Vergil schreibt über den Eintritt ins Totenreich: »Die Seelen nun, denen das Fatum andere Leiber bestimmt, schöpfen aus Lethes Welle heiteres Nass, so trinken sie langes Vergessen.« Ein Schluck Wasser aus dem Fluss, und das Leben, das man führte, ist vergangen und aus der Erinnerung getilgt.

Nicht mehr wissen, woher man kommt. Nur da sein. Das passt hierher.

Gischttropfen spritzen auf die Windschutzscheibe. Ich lasse das Fenster herunter, strecke die Zunge heraus, um die Salzluft, das Wasser zu schmecken.

Als die Fähre an den Anleger rumpelt, schalte ich die

Scheibenwischer ein und rolle langsam vom Schiff. Charon grüßt von oben mit zwei Fingern an der Mütze und funkelnden Augen. Zweiter Gang, ein Stück bergauf, dann begebe ich mich auf die Unendlichkeitsschleife.

Fårö ist ein Gebot von Weite und Leere.

Ein Gürtel aus Kies liegt um das karge Eiland, silberweiß gewirkt aus Klappersteinen. (Sie gehören zu Gotlands Küsten wie das Wetter und die Heide, rund gerollt und glatt gekullert von den ewigen Wellen. Klappersteine. Klappersteine. Das Wort rauscht in der Dünung, in meinem Kopf.) Gebeugte Kiefern säumen das Ufer, zerzaust stehen sie da, schauen landeinwärts, dorthin, wo sich die magere Heide ausstreckt, deren Armut stur von vereinzelten Ranken bewacht wird. Wie steingewordene Krieger einer sehr alten Zeit thronen diese Kalksteinsäulen an den Stränden; unbeeindruckt, ewig.

Was sonst hält hier den Blick?

Mit dem Wind schweift er weiter, bis er irgendwann zwangsläufig wieder dem Meer begegnet. Es ist nie weit, aber immer unergründlich.

Landschaft, Meerschaft.

Sich darauf einlassen. Das heißt genauso leer zu werden, ein Teil der Leere, durchsichtig und durchlässig. Es fällt mir nie schwer hier. Sie spült und fegt durch mich hindurch, bis nichts mehr in mir übrig ist, das etwas anderes von dieser Gegend will, als in ihr zu sein.

Wenn es *so* ist auf der anderen Seite, denke ich, als linker Hand eine Kirche auftaucht; wenn es *so* sein könnte.

Auf der Karte sieht die Straße aus wie eine Acht mit drei Bäuchen. Oder ein Kleeblatt. Sie geht immer weiter, unendlich im Kreis.

Ich fahre einmal so herum, und noch einmal entgegengesetzt, weil die Gegenrichtung andere Erkenntnisse bereithält. Im Kopf ein Gedicht, vor Jahrzehnten in der Osloer U-Bahn gelesen und nie vergessen:

Ich habe es
entgegen
der Fahrtrichtung versucht.
Es war eine Sackgasse.
Der Rückweg aber
fühlte sich
stimmig an.

Hier gibt es keine Fahrtrichtung, jeder Weg fühlt sich stimmig an.

In aller Leere und Weite bin ich auf Gotland, mehr noch auf Fårö, aufgehoben und auf eine seltene Art vollständig. Die Landschaft füllt mich aus, sie folgt meinen Kurven und Geraden. Wo ich laut bin, ist sie leise. Wo ich schweige, spricht sie. Was fehlt, gibt sie dazu.

Meine Bilder und Gedanken sind anderswo zurückgeblieben. Hier ist es gut.

Jeder, der die Insel besucht, weiß, dass der Regisseur Ingmar Bergman hier lebte. Ich wusste das auch, aber es hat mich nie interessiert. *Er* hat mich ganz einfach nicht interessiert.

Bergman. Über dem Namen hingen die Klischees wie ein Schwarm kreischender Krähen, die ihm auf seine schwarze Baskenmütze kackten: abgehobenes Genie, endlose Frauengeschichten, zahlreiche Kinder, neurotisch, cholerisch, pünktlichkeitsfanatisch. Das reichte aus, um mich fernzuhalten.

Doch dann, lange nach meinem ersten Besuch auf Fårö, lange nachdem ich mich im Gesicht der Insel wiedererkannt hatte wie in einem alten Spiegel, las ich irgendwo diesen Satz, ein Zitat aus Bergmans Autobiografie *Laterna Magica*: »Und ich sagte mir: Das ist deine Landschaft, Bergman. Sie entspricht deinen innersten Vorstellungen von Formen, Proportionen, Farben, Horizonten, Lauten, Schweigen, Licht und Reflexen. Hier gibt es Geborgenheit.«

Ich las nur diesen einen Satz und war plötzlich verwandt mit ihm.

Bergman wohnte nicht einfach hier. Er wählte Fårö zu seinem Zuhause, zu seinem wahren Zuhause, nachdem er mit *Persona* einen seiner wichtigsten Filme hier gedreht hatte. Er machte sich die geisterhafte Kargheit der Landschaft zu eigen, bebaute sie, benutzte sie, beschützte sie, brauchte sie.

Viele Jahre radelte er auf seinem roten Damenrad durchs Inselbild, jagte mit seinem Jeep, der Roten Gefahr, Schafe davon und Leute in den Straßengraben; er beschäftigte Schreiner, Installateure, Köchinnen, hier, in seinem eigenartigen, lang gestreckten Holzbau, der sich am Strand von Hammars entlangwindet wie eine braun-silbrig schimmernde Schlange.

Alle auf der Insel kennen dieses Haus. Aber fragt man sie

nach dem Anwesen, weisen sie mit unbestimmter Geste in eine beliebige Richtung und sagen: Dahinten. Alles andere ist zu privat. Der Regisseur, *Regissören*, wie Bergman von den Einheimischen bis heute nur genannt wird, war zwar nicht von hier, und darum auch nicht wirklich einer von ihnen, aber er gehörte zweifelsohne dazu. Der Regisseur wurde ein Teil dieser Landschaft. Erst lebte er sich in sie hinein, und dann ist er in sie hineingestorben.

Ich mache mich auf den Weg entlang des Strands, um ihn zu treffen. Ich habe Fragen.

Die Brandung atmet ruhig, der Wind ist nur ein Raunen in den Ästen der Kiefern heute. Meine Schritte im Kies sind weithin zu hören, was mir unpassend erscheint, obwohl niemand da ist, den ich stören könnte.

Vor mir verschmelzen Klappersteine, Meer und Himmel zu einem Bild in allen wunderbaren Abstufungen von Grau. Von Regengrau zu Wolkengrau, Steingrau, Lichtgrau, Morgengrau, Nachtgrau, Seegrau, Katzengrau und Traumgrau. Farbenspiele des Lichts, die dem Unentschiedenen, dem Undefinierten den Raum geben, etwas Eigenes zu sein. Es kann alles entstehen, wenn ein Dezembertag hier sein Zwielicht ausschüttet.

Ich erreiche den Rand der Wirklichkeit.

Er ist schon da (wahrscheinlich war er nie weg). Steht am Ufer und stochert mit einem Stock im Kies.

Ich erkenne ihn sofort, den ovalen Kopf, die buschigen Augenbrauen, das Muttermal an der rechten Wange. Er ist alt. Seine Baskenmütze trägt er nicht mehr, aber das karierte Flanellhemd; das, in dem er begraben wurde.

Er schaut nicht auf, als er meine Schritte hört, sondern dreht sich einfach um und geht hinauf zu seinem Haus.

Bergman, rufe ich. Warte!

Du bist zu spät, knurrt er im Davongehen.

Und ich schaue auf meinen Arm, als hätte ich eine Uhr.

Doch so einfach lasse ich mich nicht abspeisen.

Um ihn zu treffen, habe ich einiges auf mich genommen. Habe das Gesetz gebeugt, bin über halbherzige Zäune geklettert und große Felsen, habe mich durch den flechtenüberwachsenen Wald geduckt und unter den Wolken hindurch. Dieser Ort ist zwar nicht geheim und nicht ganz verboten, dennoch gut gehütet.

(An einem einfachen Bauernhaus, einen guten Kilometer von hier entfernt, entdeckte ich bei meiner Herfahrt ein kleines Schild mit einem roten Pfeil, der auf einen Feldweg ins Ungewisse zeigt und auf dem bescheiden steht: *Det är här* – Hier ist es.

Die einfache Antwort auf viele Fragen.

Vielleicht ein Witz oder ein Ablenkungsmanöver, ein Ruhepunkt? Wie viele Bergman-Pilger wohl schon an dieser Stelle standen und sich am Ziel wähnten, ein Foto machten, um dann zufrieden umzukehren?)

Natürlich finden trotzdem einige hierher, genau wie ich, begegnen diesem wettergegerbten Holzhaus mit den blauen Fensterrahmen, diesem wenig prätentiösen Gebäude, das mit den Jahren immer länger wurde, weil der Regisseur immer mal wieder ein Zimmer anbaute. Einige wirklich Besessene klettern über den Grundstückszaun, um ihrem Idol noch näher zu kommen. Andere beschirmen einfach die Augen mit der Hand und versuchen hineinzuschauen in das museale Wohnzimmer, und manchmal, ganz kurz, glauben sie, in der Mitte des Raums eine Kiefer aus dem Siebziger-jahre-Sofa wachsen zu sehen.

Bergmans jüngste Tochter, Kind Nummer neun, schreibt über das Haus ihres Vaters: »Es war eine Verlängerung von ihm [...]; das lang gestreckte, flache Haus mit Aussicht auf den Steinstrand und die Ostsee bewahrte eine keusche Ordnung, in der alle, die in ihm lebten, Kinder und Erwachsene, ihrer Arbeit nachgingen, Zeiten einhielten und Gefühlsausbrüche vermieden.«

Die Welt im Blick und alles unter Kontrolle. Vielleicht konnte der Regisseur seine berüchtigten Dämonen hier besser in Schach halten; hier verliefen sie sich im Nichts und brauchten eine Weile, bis sie zu ihm zurückfanden.

Ich folge ihm auf die strandseitige Terrasse, setze mich neben ihn an den Steintisch. Die mächtige Platte liegt auf einem von den Jahren verdrehten Kiefernstumpf. Unverrückbar.

Endlich kann ich fragen.

Woher kommen diese inneren Vorstellungen von Form und Farbe, von Horizont und Reflexion? Was prägt sie, formt sie, bringt sie hervor? Wie entsteht das Gefühl von Geborgenheit und wo? Braucht eine bergige Seele eine flache Landschaft? Ein lärmendes Herz einen ruhigen See?

Seine Augen blitzen unter den buschigen Brauen hervor.

Er sagt: Woher soll ich das wissen.

Ich sage: Du hast doch viel darüber nachgedacht.

Er sagt: Das heißt doch nicht, dass ich die Antwort weiß.

Ich frage: Hat es mit der Kindheit zu tun?

Er sagt: Ich erinnere mich an alles. Ich lebe von den Erinnerungen.

Ich sage: An deine Kindheit? An alles, was passiert ist?

Er sagt: An die Gefühle, an die Notwendigkeiten. An das, was mich ausmacht.

Wir schweigen, jeder für sich.

Vielleicht stimmt es, dass »die Landschaft, in der die Identität Halt finden soll, keineswegs solide ist. Sie besteht […] aus Erinnerung und Sehnsucht.«

Frühe Bilder aus der irischen Heide kehren plötzlich zu mir zurück.

Da ist erst mein Vater, dann mein Bruder, ich und meine Mutter. Wir sind eine gelbe Karawane; bewegen uns langsam über eine borstige Hochebene, auf die Wolken zu.

Der Boden ist morastig, in der Luft liegt feinster Nieselregen und der saure Geruch von Torf. Feldsteinmauern ziehen sich wie helle Narben über das karge Plateau. Es tropft von den Kapuzen unserer Friesennerze, und unsere Gummistiefel seufzen bei jedem Schritt.

Es ist Hochsommer. Wir machen Familienferien.

Wir wandern, als gäbe es ein Ziel. Ein Hünengrab, eine Steinsetzung, einen Dolmen oder einen guten Ort. Die besten Orte, das lernte ich früh, sind schwer zu erreichen. Dort ist es einsam und der Blick frei. Und der Mensch ist es auch.

Weite, Ebene, großer Himmel.

Später, wenn wir dann nass, aber zufrieden am Auto angekommen sind wie die letzten Überlebenden einer Expedition, wenn wir dann den richtigen Knick finden, der gut geschützt vor Wetter und Gesellschaft ist, wenn sich die irische Sonne unter den Wolken zeigt und das Grün satt leuchten lässt, kocht mein Vater unter der Heckklappe des Volvos auf dem Gaskocher starken schwarzen Tee für uns, und meine Mutter packt die Butterbrote aus. Sie klappt die Campingstühle auf und baut mit drei Handgriffen ein perfektes Zuhause.

Wenn wir schließlich im Windschatten einer Mauer sitzen, die Sonne wärmend im Gesicht, den Teebecher in der Hand, ist das ein Moment der vollkommenen Einigkeit.

Hier ist es gut, sagt mein Vater.

Richtungsweisende Momente der Zufriedenheit, des Selbstverständnisses, der Zugehörigkeit – für immer an eine Form der Landschaft geknüpft. Wie helle Sternbilder stehen sie an einem ewigen Nachthimmel, und der kindliche Kompass richtet sich an ihnen aus.

Ich frage: Ist es das? Das Wiedererkennen eines vollkommenen Augenblicks? Eines verloren geglaubten Gefühls?

Bergman sagt: Das ist der Anfang.

Ich nicke. Verstehe.

Bergman verbrachte seine letzten Jahre mehr oder weniger allein in diesem abgelegenen Holzhaus am Rand der Wirklichkeit, bis ihn die Worte verließen oder die Landschaft in seinem Inneren stärker wurde als die vor dem Fenster.

Wie viele Tage hat er hier das Wetter kommen und gehen sehen. Den ersten Schnee, den letzten Sommertag und die stürmischen Vorboten von Herbst und Frühling. Wie viele Tage hat er hier in die Unendlichkeit geschaut. Mit scharfem Blick festzustellen versucht, wo die Grenze zwischen ihm und der Welt verlief. Beobachtet, wie sich Träume und Fantasie animalisch paarten. Wie viele Stunden hat er hier gestanden und sich richtig gefühlt.

Es gibt eine Szene in *Wilde Erdbeeren*, da schaut der alte Isak Borg zurück auf die Scherben seines Lebens und fragt seinen Ankläger Allmann: Was wird die Strafe sein?

Und Allmann antwortet: Vermutlich die übliche.

Die übliche?, fragt Borg.

Natürlich die Einsamkeit.

Einsamkeit.

Genau. Einsamkeit.

Und Borg fragt: Gibt es keine Gnade?

Ich frage Bergman: Ist die Einsamkeit eine Strafe?

Der zuckt die Schultern: Für manche.

Obwohl ich die Antwort weiß, frage ich: Und für dich?

Nein, sagt er. Hier nicht.

Und ich glaube, er sagt es, weil es gut klingt, aber auch, weil es seine Wahrheit ist.

Die Dämmerung ist nicht mehr weit. Am hohen Himmel die farbige Dramatik alter Meister, und plötzlich taucht und gründelt in Ufernähe auch noch ein Schwanenpaar. Ich habe sie nicht kommen sehen, die ersten Lebewesen hier draußen. Sie müssen aus einem Märchen herbeigeschwommen sein.

Ich drehe mich zu Bergman, will ihm das Liebespaar zeigen, aber er ist nicht mehr da.

Bergman?, rufe ich.

Die Kiefern wispern.

Bergman!
Die Wellen rumoren.
Sonst ist es still. Ganz still.

»Jede Landschaft, die uns zum Schicksal wird, erzeugt einen ganz bestimmten Rhythmus, einen Gefühlsrhythmus und einen Denkrhythmus, meist ganz unbewusst, daher umso entscheidender«, beschreibt der Schriftsteller Jakob Wassermann diese Übereinstimmung zwischen Landschaft und Seele.

Ich klettere auf einen Stein und horche.

Da ist ein ausdauerndes Pochen, monoton, fast gleichbleibend, aber unterschwellig wächst und schwillt es, kreist und kreist und ändert sich doch. Schöpft Kraft und Anspruch aus der Einfachheit und der Wiederholung, aus der leisen Variation. Zum Pochen gesellt sich ruhig und geduldig ein starker Bass, der hält und trägt. Und ein Triangel hallt in mir wie das Echo meines eigenen Tons.

Mir wird schwindelig. Vielleicht das gegenläufige Rauschen von Kiefern und Wellen, oder das Licht. Lieber steige ich vom Stein herab und lasse mich auf den Boden sinken.

Ich greife in die kalten weißen Kiesel.

Meine Finger finden glatte Flächen, weiche Rundungen, dazwischen alte Formen, urzeitiges Leben aus dem warmen, stillen Urmeer des Silurs, als Gotland noch am Äquator lag.

Gewesene Wesen, seit über vierhundert Millionen Jahren in Stein gebannt. Es gibt sie hier zu Tausenden. Brachiopoden, Knopfkorallen, Trilobiten, fossile Schnecken und Seelilien – sie waren »die Krone der Schöpfung, zu dieser Zeit, als es noch keine Amphibien und Reptilien und Vögel und

Säugetiere gab und der Mensch in einer fernen Zukunft auf seinen Verstand wartete«.

Kein Wesen hier ist neuer als der Mensch. Leben und Tod waren schon immer da und haben überdauert. Ein beruhigender Gedanke.

Er habe jeden Tag seines Lebens an den Tod gedacht, lese ich in Bergmans Autobiografie, und seine Haltung dazu immer wieder überprüft, geändert. In seinem Arbeitszimmer hing angeblich ein Zettel hinter der Tür, auf dem stand: »Vielleicht ist es das, was wir ein Leben lang suchen: die größtmögliche Trauer, um endlich wir selbst zu werden, ehe wir sterben.«

Ich schaue hinauf zum Haus.

Ob es ihm gelang?

Ob er, wie ich, den Trost in dieser alten Landschaft gefunden hat?

Eine fossile Schnecke – ist es ein *Euomphalopterus alatus* oder ein *Oriostoma angulatum*? – schmiegt sich vollkommen und sanft in meine Hand. Ein Ohr aus Stein.

Ich weiß jemanden für dich, flüstere ich hinein, lasse das Stück alter Welt in meine Jackentasche gleiten und breche auf.

4 Ich komme nicht weit.
Sechs, sieben Kilometer von Bergmans Haus entfernt, in Friggars, geht mir der Sprit aus. Blaue Leuchtbuchstaben an einem alten Haus kündigen Kutens Bensin an.

Obwohl ich weiß, dass es dort eher eine Strindberg-Erstausgabe oder eine Saite von Carlos Santanas Gitarre gibt als Benzin, setze ich den Blinker und rolle auf den Hof.

Dies ist ein guter Ort, um verloren zu sein. Vielleicht der beste.

Mitten im Weg stehen grau-weiß-grün-braunrostig ein 52er-Buick-Roadmaster und ein ebenso alter Kühlschrank. Darüber brennt ein Neonschriftzug in roten Lettern die Vergangenheit in die Abenddämmerung: *Elvis* leuchtet es weithin sichtbar. Die Zapfsäule ist von Efeu überwachsen. Auf dem Dach eines alten Kiosks mit blindem Schiebefenster taumeln die Buchstaben K A F E umeinander, ein paar von Rostlöchern zusammengehaltene Autowracks, Radkappen und Reifen lungern absichtlich unordentlich auf dem Hof herum.

Ich steige aus und schaue mich um.

Ein Stück entfernt künden handgemalte Schilder von großen Ereignissen in der Musikscheune: *Wanda Jackson* –

Queen of Rock 'n' Roll. Don't dare to miss it. Live July 24-07, und ich frage mich, welcher Tag heute ist, welcher Monat, welches Jahr.

Im Haupthaus ist es dunkler als draußen, tote Fenster, nichts regt sich.

Ich warte davor und rufe schließlich: Hallo? Kuten?

Aus dem Zwielicht taucht eine Mariachi-Band auf, die fröhlich die Straße entlangschrammelt und -trompetet, die Musiker tragen Hüte wie Sonnenscheiben auf dem Kopf.

He, ihr!, rufe ich. Hallo!

Aber sie ziehen an mir vorüber, als gäbe es mich nicht, hinunter Richtung Meer.

Die Nacht leckt an den Kanten und Rändern der Welt und lässt Zweifel an allem frei. Ich friere.

Da geht ein Stück entfernt die Tür der Musikscheune auf, und Bergman steht vor mir.

Bergman, sage ich erstaunt.

Hey, Babe, sagt er und lässt die Hüften kreisen, als übte er Hula-Hoop. *Let's do some Rock 'n' Roll.*

Ich versuche mir das Lachen zu verkneifen.

Okay, sage ich.

Im Eingangsbereich der Scheune ist es finster. Zögernd betrete ich den nachtschwarzen Raum. Tauche ein in eine andere Welt. Rundherum leuchten mir von den Wänden Quallen und Krill und Fische und Figuren und Worte in Neonfarben entgegen, und mittendrin fluoresziert aus dieser seltsamen Tiefsee eine Liedzeile in die Schummrigkeit.

Ich kenne den Text, den Song.

Er bringt ein altes Teenagergefühl zum Klingen, das tief

im System gespeichert ist, doch jederzeit abrufbar: das überwältigende Gefühl von Fremdheit im eigenen Leben, im eigenen Körper; von unsterblicher, aussichtsloser Verliebtheit und einer umwerfenden Melancholie.

Somewhere Down The Crazy River, sage ich und lese halblaut, was an die Wand geschrieben steht: *Why do you always end up down at Kuten?*

Und eine tiefe Stimme mit rundem amerikanischem Akzent antwortet: *I don't know. The wind just kind of pushed me that way.*

Ja. So landet man hier.

Ich taste mich zur Tür, schiebe sie auf.

An den Bretterwänden hinter der Bühne stehen in Neonschrift die Namen bekannter Rocklegenden – Seasick Steve, D. J. Fontana, John Paul Jones und Wanda Jackson, Carola –, sie alle auf dieser wackeligen Bühne.

Die Wände des alten Schobers beben unter dem Beat wie eine Rakete vor dem Start. Der Countdown läuft.

Hier ist alles Musik. Rock 'n' Roll.

Hier gelten Jimmy Dean und der King.

Am Bühnenrand entdecke ich Kuten. Groß und langhaarig und zeitlos. Er steht an die Wand gelehnt im Halbdunkel, unbeweglich, als wäre er ein Requisit, hört zufrieden der Musik zu und lächelt in sich hinein; sein schwarzes Piratenkopftuch ist ihm tief in die Stirn gerutscht, doch das stört ihn nicht. Nichts stört ihn. Er ist in seinem Element.

Aus, aus! Cut, Cut, Cut, Herrgott noch mal!

Die Band verstummt.

Bergman ist außer sich.

Du bist zu früh reingekommen, herrscht er mich an. Was soll denn das?

Ich wende mich Kuten zu: Mir ist der Sprit ausgegangen.

Kuten sagt: *You came to the right place.*

Ich sage: Ich weiß.

In einer Staubwolke verschwinden die Musiker.

Was macht ihr denn hier eigentlich?, frage ich.

Kuten dreht eine Pirouette um einen schmutzigen Besen. *Sweeping up the broken pieces of a yesterday's life*, sagt er.

Er spricht am liebsten in Liedern und Rätseln.

Ich frage: Geht es um die Vergangenheit?

Bergman sagt: Es geht um Erinnerung.

Kuten sagt: Um die Zeit.

Bergman sagt: Um die Angst.

Kuten sagt: Um die Jugend.

Bergman sagt: Um die Kunst.

Kuten sagt: Liebe.

Ich muss mich setzen.

Kutens (sprich: Kütens) Bensin.

Das ist Thomas »Kuten« Lindholms Atelier der Träume, Bilder, Helden und Geschichten.

So viele, wie er finden konnte, so viele, wie er ertragen konnte, hat er gesammelt, als wäre er dieser Besen, der tagein, tagaus die Scherben vergangener Leben zusammenkehrt und aufhebt. Bruchstücke einer Vergangenheit, die er zu seiner Gegenwart zusammensetzt.

Seine Idole, seine Musik, seine Mutter, die er glühend verehrt – alles lebt, nichts wird vergessen. Hier bestimmt er die

Wirklichkeit, und in der stehen alle Uhren auf Viertel vor sechs.

Jeden Morgen bindet sich der hünenhafte Mann mit der leisen Stimme und der leisen Freundlichkeit sein Kopftuch um, das ihn auch mit über siebzig noch aussehen lässt wie einen draufgängerischen Hippie. Sein Alter hockt vielleicht in den Knochen und in den Fältchen, nicht aber in seinen Augen und in seinem Kopf. Er zieht eine Fleecejacke an, und dann steigt er, etwas steifbeinig, in seine ausgetretenen Cowboystiefel; steigt hinein in das, wie D. H. Lawrence schreibt, »tiefe, dunkle Geheimnis der Zeit, wo die Vergangenheit lebendig ist und sich nicht mehr von der Zukunft unterscheidet«.

Er öffnet der Welt eine Tür dorthin.

Für jeden ist der Weg zu Kutens Bensin ein anderer, und jeder findet etwas anderes vor: manche einen Schrottplatz, andere eine schräge Musikkneipe. Dritte entdecken ein Museum oder eine Crêperie, ein Café oder ein Antiquariat. Und wieder andere eine Zeitkapsel. Und manche finden niemals her und vermissen nichts.

Der Ort überrascht und überrascht doch nicht.

Ich kenne solch eigenwillige Phantasmoversen, die sich selbst genug sind, aus der Wüste im amerikanischen Südwesten. Aus der Mojave Desert.

Versengtes sandfarbenes Land, dessen endlose Unwägbarkeit aushöhlt und ausfüllt zugleich. Am Straßenrand liegen Namen ohne Orte. Klondike, Siberia, Bagdad. Und David Bowie kann kaum so viel singen, wie man ihn hören möchte.

Irgendwann erhebt sich aus dem Nichts plötzlich ein riesiges Schild, ein von Weitem sichtbarer roter Pfeil, der aus dem Himmel auf eine Handvoll weiß getünchter Häuschen, ein kleines Postamt, eine verfallene Kirche und eine Tankstelle aus den Fünfzigerjahren zeigt: *Roy's Café. Gasoline and Vacancy*; ein Ort, der, wie alles andere in dieser Gegend, wirkt wie aus Versehen liegen gelassen, wären die Preise an der Zapfsäule nicht aktuell.

Mit einem Mal bin ich mir sicher, dass der junge Thomas Lindholm dort gewesen ist. In den Siebzigern, auf seiner großen Reise durch das Land seiner Träume. In der Mojave. Bei Roy's. Beim grantigen Buster Burris.

Es sind nicht nur die aus der Zeit gefallene Tankstelle und die einst chromglänzenden Rostlauben, Reminiszenzen einer anderen Epoche der Zuversicht, die mich an Fårö erinnern, auch die Stille und die Kompromisslosigkeit einer Natur, die immer älter, weiser, stärker sein wird als alles, was in ihr siedeln will.

Menschen sind in so einer Landschaft wie ein Anflug von Erkältung. Sie kommen und gehen und sind bald vergessen. Nur die wenigen, die mit stiller Leidenschaft etwas wie eine Zuflucht vor den Sünden der großen heillosen Unordnung suchen, die an Dinge glauben, die in der nervösen Welt keinen Platz haben, die ihre Ruhe, ihre Freiheit wollen und sich demütig dem Gesetz der Abgeschiedenheit beugen, die bleiben manchmal.

Hippies, Träumer, Aussteiger, Erfinder, Eigenbrötler, Künstler.

Leute wie Kuten.

Ich blinzle in die Dunkelheit.

Hast du eigentlich Buster Burris gekannt?, frage ich aufs Geratewohl.

Da sieht mich Kuten aus seinen schmalen Augen an, ein Blick wie ein Leguan. Legt mir seine riesige Schaufelhand an die Wange, und sein Gesicht springt auf in einem breiten Lachen, eins mit Zähnen und allem. Ein Gesicht, das offen ist, viel erzählt und doch nichts verrät.

Ich lache zurück.

Sag mal, gibt es hier kein Licht?, fragt Bergman in unseren Moment.

Kaputt, sagt Kuten, zwinkert mir zu.

Bergman sagt: Dieses Chaos macht mich wahnsinnig. Ich brauche Selbstdisziplin, Sauberkeit, Licht und Stille!

Kuten sagt: Das ist *feeling*. Da gibt es keine Ordnung, verstehst du.

Pffft, macht Bergman. *Feeling.*

Aber ich habe eine Taschenlampe, sagt Kuten und leuchtet mit einer Maglite in den kalten Raum.

Hoch über mir schwebt die angegriffene Karosserie eines Autos, wahrscheinlich ein Packard aus den Vierzigern. Darunter steht in orangefarbenen Leuchtlettern »Elvi Presley«.

Ich sage: Der hat sein s verloren.

Kuten antwortet: Er kriegt's zurück. Ich hab das noch irgendwo dahinten.

Dahinten.

Im Lichtkegel seiner Taschenlampe treten, zusammenhanglos wie Traumbilder, ungeahnte Dinge aus der Finsternis: eine vollgerümpelte Bar, ein langer Tisch, Fotos, Instrumente, ein Porträt von Marilyn und eins von Jimmy, überhaupt, eine ungeheure Ansammlung von Sachen, die ihre Bedeutung allein in Kutens zahllosen Geschichten, Mythen und Legenden entfalten, die er zu erzählen weiß.

Die Geschichten, die wir von uns erzählen, erfinden.
Die Geschichten, die wir verschweigen.
Die Geschichten, die uns zu dem machen, was wir sind, aus denen wir unser Lebensgebäude errichten, es nach und nach aufbauen, dieses einzige Haus, in dem wir sein, atmen, existieren können – ob wahr oder erfunden, sind sie doch das, was uns im Inneren und Äußeren zusammenhält. Denn »ohne Geschichte zu sein hieße, sich in der weiten Unendlichkeit einer Welt zu verlieren, die sich um uns herum ausdehnt wie die arktische Tundra oder Meereis«.
Kuten hat sich aus seinen Geschichten ein stattliches und stabiles Lebensgebäude gebaut. Eins mit vielen Zimmern, vielen Etagen und bizarren Ausblicken. Es ist einladend und dennoch uneinnehmbar.
Ich schaue ihm zu, wie er hinter der Bar nach Elvis' verlorenem s kramt.
Bergman sagt: Es ist sinnlos, sich an alten Plunder zu hängen. Man kann die Zeit nicht konservieren.
Kuten sagt: Ich erhalte sie am Leben. Das ist das Gegenteil von konservieren.
Bergman sagt: Das ist eine Illusion.
Kuten sagt: Deine Filme sind auch Illusionen.
Bergman sagt: Ich erzähle Allegorien, zeige die Abgründe der Menschen, der Gesellschaft.
Kuten sagt: Ich erzähle die Wahrheit.

Die Wahrheit?, fragt Bergman. Was soll das denn sein? Die einzige Form von Wahrheit ist letztlich Schweigen.

Kuten blickt nachdenklich an uns vorbei, verschwindet irgendwo, wohin ihm niemand folgen kann, dann sagt er mit seiner tiefen, ruhigen Stimme: Alles, was ein Mensch in einem Moment als wirklich definiert, ist wahr, oder nicht?

Ich sehe ihn an: Er ist sein eigenes Kunstwerk, seine eigene Erfindung, seine eigene Bedingung. Selten hat das Thomas-Theorem besser gepasst als in diesem Moment.

Mit wackelndem Lichtstrahl zeigt er auf eine Kette roter Reflektoren, die hinter dem Bartresen baumelt.

Das da, das sind meine Rücklichter. Die sind mir besonders wichtig, sagt er heiser und knipst unvermittelt die Taschenlampe aus.

Die plötzliche Dunkelheit verschluckt alle Grenzen.

Film ab, sagt Bergman irgendwo im Off.

Film läuft, sagt Kuten.

Ich oszilliere. Diffundiere.

Winterlandschaft, tiefer Wald. Sternenklare Nacht. Eisig.

Ein kleines Haus kommt ins Bild. Die Haustür.

Ein Junge und seine Mutter stehen davor.

Nun lauf aber!, sagt die Mutter und gibt dem Jungen einen sanften Stoß, als müsste sie ihn wie auf einer Schaukel anschubsen, damit er es schafft, in der richtigen Richtung einen Fuß vor den anderen zu setzen. Und nicht trödeln. Du bist spät dran!

Der Junge nickt und zieht sich den Schal vors Gesicht, gräbt die Fäuste in die Taschen und macht sich auf den Weg durch die bläulich schimmernde Dunkelheit.

Er geht den weiten Weg immer allein. Ein paar Kilometer werden es schon sein bis zur Schule. Drei, vielleicht vier. Während er am Fahrbahnrand entlangstapft, dem Knirschen seiner Schritte lauscht, den hohen Schneewall zu seiner Linken und den Tag noch vor sich, träumt er sich an einen anderen Ort, wohin, weiß keiner, selbst er nicht.

Durch die Stille geht ein Dröhnen.

Noch bevor er begreift, woher es stammt, rauscht ein Auto von hinten heran. Kurz bohren die hellen Scheinwerfer Löcher ins Dunkel, dann sieht er den Fahrer, sieht die Kinder auf dem Rücksitz. Seine Klassenkameraden. *Wusch.* Schon verschluckt die Dunkelheit das Schultaxi. Die Rücklichter grüßen.

Er bleibt stehen.

Schaut den glühenden Punkten hinterher. Und als der Wagen an der einzigen Kreuzung weit und breit langsamer wird und nun auch noch die Bremslichter aufflammen, lacht er laut auf.

Es klirrt aus ihm heraus, neunjährig und froh und viel lauter, als er sonst lacht.

Der Schnee, die ganze Welt, ist plötzlich rot. Zersplittertes Licht, Funkenregen wie von einer Feuerwerksrakete. Etwas so Schönes hat er wirklich noch nie gesehen.

Keinen Tag verpasst er von nun an mehr die Rücklichter, hört das Auto herannahen, *Wusch*, vorbeirauschen, dann noch eins, zwei, drei – und die Welt ist rot. Seine heilige Sekunde.

An einem Morgen dröhnt wieder der Motor, wie erhofft. Kommt näher. Erwartungsvoll dreht der Junge sich um, sieht im Schneetreiben den beiden weißen Sternen entge-

gen, die auch schön sind, aber längst nicht so verheißungs-
voll. Der Wagen hält auf ihn zu. Die Sterne werden Son-
nen, gleißend hell, schieben sich vor ihm übereinander und
werden eins. Gleich macht es *Wusch*, und dann kommt das
Feuerwerk. Sein Herz klopft.

Aber der Wagen hält.

Die Beifahrertür fliegt auf.

Wenn das nicht der kleine Lindholm ist!, sagt der Fahrer.
Spring rein, Junge.

Das ist Der Schreck, *Skrekken*, der Junge kennt ihn genau.

Nein, danke, sagt er verzagt.

Red keinen Quatsch, sagt *Skrekken*. Er dreht sich um
und befiehlt den anderen Kindern: Macht Platz für den
Jungen.

Widerwillig rutscht die plärrende Horde zusammen, und
der Junge steigt ein, denn er hat keine Wahl. Er drückt sich
gegen die Tür und versucht bis zum Schultor, bis zum Klas-
senzimmer und auch noch den Rest des Tages unsichtbar
zu sein.

Am nächsten Morgen springt er, kaum dass er in der Ferne das Motorengeräusch vernimmt, hinter den vom Pflug
aufgeschobenen Schneewall. Duckt sich tief, hält den Atem
an. Der Schrecken donnert vorbei.

Als er sich wieder auf die Straße wagt, Schneekristalle in
den Wimpern, ist alles dunkel und still.

Die Rücklichter sind längst außer Sicht.

Abblende, schwarz.

Schweigend sitzen wir in der kalten Scheune, in Kutens Halbwelt aus Musik und Fantasie und hängen den Bildern nach.

Was soll denn aus all deinen Geschichten werden?, frage ich schließlich. Später?

Kuten sagt: Sie bleiben bei den Dingen.

Aber es sind so viele. Kannst du sie nicht aufschreiben?

Ach, nein, sagt er mitleidig, ich bin ja immer noch Legastheniker, weißt du. Irgendwann ist eben Schluss.

Ich möchte widersprechen, möchte protestieren, aber mir fällt kein gutes Argument gegen den Tod ein.

Ein kalter Tropfen hängt an meiner Nase. Er kommt immer wieder, egal, wie oft ich ihn fortwische. Ich schniefe und wische.

Kuten bemüht noch einmal Robbie Robertson: *There's one thing you've got to learn, is not to be afraid of it.*

Ich sage textsicher: *No, I like it, I like it, it's good.*

Er antwortet: *You like it now. But you'll learn to love it later.*

Bergman sagt: Verstehst du jetzt? Es gibt keine Grenzen, nicht für die Gedanken, nicht für die Gefühle. Nur die Angst setzt Grenzen.

Ich schlucke und schlucke.

Auf der Bühne rührt sich etwas. Ein Roadie wuchtet ein paar Boxen herum.

Ich frage: Kommen noch andere? Die Mariachis?

Kuten sagt: Ja, vielleicht. Oder Bob. Wer weiß. Ich habe für ihn demonstriert, in Stockholm. *Bob for price!* Das war …

Ich glaube, ich muss mal los, sage ich.

Natürlich, sagt Kuten. Wir müssen alle los.

Zum Abschied umarmt er mich kraftvoll. An seinen Wangen rieche ich Le Male.

Bergman ist nicht zu sehen. Er hat sich schon wieder verdrückt. Sagt wohl nicht gern Lebewohl.

Als ich im kalten Auto sitze, finde ich das steinerne Ohr, das ich am Nachmittag am Strand aufgesammelt habe, in meiner Tasche wieder.

Am Nachmittag erst? Es scheint Jahre her zu sein.

Hast du so was schon erlebt?, frage ich hinein und lege es aufs Armaturenbrett.

Im Rückspiegel sehe ich Kuten vor der Scheune stehen. Rot erleuchtet von Elvis und meinen Rückstrahlern. Er hebt die Hand. Ich gebe vorsichtig Gas und fahre auf die dunkle Straße, in der Hoffnung, bald eine richtige Tankstelle zu finden. Beim nächsten Blick zurück ist hinter mir nichts als kompakte Schwärze.

Das Gebläse rauscht auf voller Stufe. Und während langsam die Scheibe klar wird, frage ich mich, ob es sein kann, dass Kuten mir gerade eben ins Ohrläppchen gebissen hat, oder ob ich mich selbst gekniffen habe, um mich zu vergewissern, dass ich nicht träume.

Spätestens seit Platons *Atlantis* trägt das kleine Wort »Insel«
unzählige Vorstellungswelten auf seinen Schultern. Die
Insel wird in unserem Denken zu einem Ort, der alles sein
kann: Paradies oder Utopia. Schreckensort, Hölle und Gefängnis, eine Eremitage oder ein Knotenpunkt, ein Erinne-
rungsort – gerade so, wie es dem Bedürfnis entspricht.

Die Insel ist ein Chamäleon. Sie passt sich den Erwartungen an und ist vom Mythos bis zum Sehnsuchtsort
durch alle Zeiten »nur Spiegelfläche des darauf projizierten
Anderen«.

Wir sehen, was wir sehen wollen.

Erschaffen Ideal-Inseln im Geiste, »Islands of the mind«.
Denn in Wahrheit sind »nicht die wirklichen Inseln so un-
widerstehlich – der wahre Quell der westlichen Islomanie ist
die Vorstellung, die wir von ihnen haben«.

All jene romantischen Sehnsüchte nach Ruhe, Zeit, Einsamkeit und gleichzeitig Geborgenheit. Nach Überschau-
barkeit und dennoch Freiheit.

Kommen wir am Ende gar nicht des Ortes wegen, sondern nur, um uns selbst zu finden?

5 Vor der Tür ruft ein menschenhoher Windbeutel mit Sahne gefüllt: *Semlor! Nu är de äntligen här!*

Ja! Endlich gibt es Semlor!, möchte ich zurückrufen, doch dann fällt mir ein, dass ich in all den Jahren nie eine einzige bestellt habe, obwohl sie immer so verlockend aussehen, so seufzend und saftig.

Ein Glöckchen klingelt, als ich die Konditorei betrete, mein zweites Arbeitszimmer, meinen Ausguck ins wahre Leben. Drei Stufen nach unten in ein Zuckerbäckerparadies mit hellgrün-weißem Fliesenkaro auf dem Boden, einem geschwungenen Holztresen und zwei Glasvitrinen mit Messingbeschlägen. Eine Eistruhe und ein Getränkekühlschrank stehen so eckig in dem engen Verkaufsraum wie ein Boxer in der Ballettschule. An der Wand konkurriert die Zeitungsüberschrift von heute (Regierungskrise spitzt sich zu) mit einem Aufklärungsposter eines sechzig Jahre alten Gestern (Käse. Mehr wert, als er kostet). Diese Mischung aus alten Dingen und Gleichgültigkeit bietet viel Raum für Gedanken und langsame Worte. Ich stelle mich an, atme den Duft frischer Kuchen und alter Zeit.

Samstägliches Geschnatter und Gezwitscher, Wispern und Gebrumm. Die Mädchen lassen ihre Petticoats schwingen, und die jungen Männer rücken ihre Schiebermütze aus der Stirn und stecken lässig eine Hand in die Hosentasche, in der silbernes Kleingeld klimpert. Öre für die Jukebox, Kronen für einen Blätterteigplunder und einen Milchshake, einen Eisbecher – auch über einem Stück Himbeer-Sahne ist schon manches Mädchenherz geschmolzen.

Seidenstrümpfe glänzen, Kniestrümpfe rutschen.

Kopf an Kopf über die Musiktruhe gebeugt. Schulter ganz nah, Atem im Nacken und eine unbekannte Hand auf der Hüfte, und dann ein Raunen: Willst du das nächste Lied auswählen, Helen?

Errötetes Nicken. Eine Münze gleitet in den Geldeinwurf, ein schlanker Finger drückt entschlossen die pinkfarbene Taste. Es klickt. Im Inneren der Maschine fällt eine Vinylscheibe auf den Plattenteller, und die Luft brennt, als nach drei krachenden Gitarrenakkorden Elvis röhrt: *The warden threw a party in the county jail.*

Noch weiß keiner, dass ein paar Jahrzehnte später gar nicht weit von hier jener seltsame Musikclub namens Kutens Bensin eröffnen wird, der ebendiesem Elvis auf ganz eigene Weise huldigt und wo sich im Schummerlicht Rocklegenden die Klinke in die Hand geben.

Wenn es heute gut läuft und noch genug Geld übrig ist, wenn die Damen angesüßt und die Herren verzuckert sind, dann geht man vielleicht noch ins Kino. Bergmans *Das siebente Siegel* läuft gerade im Roxy oder die Wiederholung von *Sie tanzte nur einen Sommer.* Ein Blick auf Ulla Jacobssons skandalös entblößte Brust, und das vor Aufregung vibrierende Zwerchfell, wenn der Priester im Film mahnt: Die Jugend ist auf dem falschen Weg! Mit angehaltenem Atem nach einer Hand tasten und sie für eine dunkle halbe Stunde halten, egal wie feucht, egal wie warm. Das ist schon mal die Investition in eine Himbeer-Sahne wert.

Die älteren Herrschaften genießen lieber die kleine Sünde, die große liegt schon hinter ihnen, jetzt warten die üppigen Semlor, gefüllt mit Mandelmasse und Sahne, oder die Safranschnecken oder der Zimtknoten oder das Kardamombrötchen.

Und die Kinder? Die Kinder können sich nicht entscheiden, wie sie ihr Taschengeld am besten anlegen sollen, welche Leckerei das größte, das längste Vergnügen verspricht. Prickelnde Limonade? Prinzessinnentorte?

Die Luft ist dopamingesättigt.

Rosa Zungenspitzen streichen durch schokoladige Mundwinkel, über fettglänzende Lippen. Staubzuckergepuderte Wangen laden zum Küssen. Aber eigentlich, eigentlich denken sie alle nur an morgen. Den Sonntag der Sonntage im Jahr 1958.

Ein Junge ist vor mir an der Reihe. Er ist neun, höchstens zehn Jahre alt. Er sieht aus, als hieße er Mats.

Er steht ganz still, bewegt sich nicht. Schaut und schaut in diese verführerische Auslage, in der sich hinter Glas Kokoskugeln an pistaziengrüne Stövsuger, Zuckerkringel an Apfelstrudel schmiegen, rosa Katalaner und honiggelbe Mazariner sich auf einer Etagere drängeln. Und unter einer schweren Glasglocke: Macarons in Pastellfarben.

Ich stehe dicht hinter ihm. Im Nacken sind seine Haare

ganz hell, fast durchsichtig weiß, weiter oben ein wenig blonder. Alle auf dieselbe Länge gestutzt, vier Millimeter. Er trägt einen roten Rucksack auf dem Rücken, groß wie sein gesamter Oberkörper. In der Hand hält er eine Bankkarte, als wäre sie ein Berechtigungsnachweis: Ich darf hier stehen, ich kaufe hier ein.

Er ist mir so bekannt in seiner Art, in seiner stillen Ernsthaftigkeit; ihn habe ich mir einmal ausgedacht, habe ihn aufs Papier gebracht, ihn habe ich begleitet, gekannt, ins Leben geschickt.

Hinter dem Tresen wartet Lotta, die Konditorin.

Sie trägt kein Namensschild, das ist nicht nötig, wenn selbst ein Fremdling wie ich ihren Namen kennt. In der Zeitung stand kürzlich, sie habe zweihundert Zimtschnecken ans Åkermanska-Altenheim gespendet, zum Trost, nachdem aus dem Bingoraum des Heims alle Süßigkeiten gestohlen worden waren.

Sie wartet geduldig.

Wir warten geduldig, und die Kaffeemaschine zischt. Von oben, wo die Tische und die Jukebox stehen, da, wo sie immer standen, plätschern Stimmen zu uns herunter. Leises Bachgemurmel am Nachmittag.

Und ich stelle mir die bestohlenen Heimbewohner vor. Zum Beispiel Helen und Ulla. Ihre Enttäuschung, als sie plötzlich vor dem geleerten Kühlschrank stehen. Kuchen, Eis, Teilchen – alles weg, der Bingonachmittag ruiniert. Den Dieben hätten sie gerne den Hals umgedreht, erklärten die alten Damen aufgewühlt der Journalistin der Zeitung *Gotlands Tidning*.

Ob sie sich später, als sie Norrgatts geschenkte Zimtschnecken aßen, wieder erinnerten? An das Beben, das Elvis auslöste, wenn man die Taste an der Jukebox gedrückt hatte? An die fremde Hand auf der Hüfte? An die verstohlenen Sahneküsse? Kam die Zeit durchs Fenster wie ein Bumerang und brachte ihnen ein vergessenes Vergnügen jenseits der Bingozahlen?

Das Glöckchen bimmelt ein älteres Paar herein. Sie trägt eine Pelzmütze passend zum Mantel, er ein Seidentuch; fein gemacht für die Kaffeestunde, wahrscheinlich sind sie Stammgäste seit Jahrzehnten. Vielleicht kamen auch sie damals schon hierher? Waren dabei?

Mats fixiert die Auswahl in der Vitrine. Sein ganzer Körper ist Entscheidung. Berührte ich ihn jetzt, nur ganz leicht, würden Funken knistern, da bin ich mir sicher.

Es bimmelt erneut. Ein Mann will hereinrücken, aber er muss auf der Treppe stehen bleiben; im Verkaufsraum ist kein Platz mehr, alle Karofliesen sind von Winterschuhen besetzt. Der Junge muss spüren, dass sich hinter ihm eine Schlange gebildet hat, dass es eng wird, dass Ungeduld und Erwartung in der Luft liegen, doch er dreht sich nicht um.

Langsam wird mir warm.

Und? Hast du dich entschieden?, fragt Lotta freundlich, schneidet eine Grimasse, um ihre Brille freihändig den Nasenrücken hochzuschieben.

Neeee, nicht so richtig.

Willst du vielleicht noch ein bisschen schauen?

Hm, macht er. Heute ist es besonders schwierig. Ich gehe ja nachher noch ins Kino ...

Aha!, sagt sie. Dann musst du wohl noch ein bisschen Platz lassen für die Kino-Nascherei?

Ihr Herz, es muss aus Marzipan sein.

M-hm, sagt der Junge. Ich hätte ja auch nichts gegen einen Abend zu Hause. War nicht meine Idee mit dem Kino.

Lotta nickt mitfühlend, als wollte sie sagen, ja, ja, so ein Kinoabend ist eine schlimme Sache. Schiebt sich mit dem Handrücken eine blonde Strähne aus der Stirn.

Willst du dann vielleicht lieber noch ein bisschen überlegen, und ich bediene erst mal weiter?

Hm, kommt es entschlossen unschlüssig.

Die rote Coca-Cola-Uhr an der Wand hinter der Theke tickt unpassend. Wahrscheinlich kam sie als Werbegeschenk mit dem rappelnden Getränkekühlschrank, damals in den Achtzigern.

Oder?, fragt sie.

Also gut, sagt er.

Alle halten die Luft an. Er hält die Luft an. Die Spannung steigt.

Dann nehme ich heute wohl eine Schokokugel. Seufzend bringt er es hervor.

Allgemeines Aufatmen. Wie ein Theaterpublikum, wenn die Liebenden endlich zueinanderfinden.

Mit Hagelzucker oder mit Kokos?, fragt Lotta beschwingt.

Hagelzucker.

Na denn! Bitte schön. Dann sind es genau 38 Kronen, sagt sie. Lächelt ihn breit an. Wie immer, wenn du eine Schokoladenkugel nimmst.

Umarmen sollte man sie für ihre Freundlichkeit.

Und dann nehme ich noch einen Saft dazu.

Und noch einen Saft dazu. Dann sind es 52.

Der Junge reicht ihr seine Karte, die rot-blaue Plastikkarte, die er die ganze Zeit fest in der linken Hand gehalten hat, und tippt schließlich seine Geheimzahl ein.

Mir wird weich in den Knien.

Danke schön, sagt die Konditorin.

Bitte schön, sagt Mats.

Als er seine Schokokugel und den Saft die Treppe hinaufträgt, zusammen mit seinem großen roten Rucksack und seiner kleinen Seele, die nicht ins Kino will, schaue ich ihm hinterher. Die Konditorin fragt:

Und für dich?

Eine Zimtschnecke und einen Milchkaffee, bitte, antworte ich und räuspere mich gegen den Kloß im Hals.

Mit meinem Tablett gehe ich nach oben. Auf der zweiten Stufe fällt mir auf: Wieder keine Semla. Der Kaffee schwappt über.

Endlich Sonntag. Das Café ist zum Bersten voll. Wer kann, presst sich durch die Tür. Jede Ordnung ist verloren: Sie sitzen auf Stühlen und Tischen und auf dem Boden. Ausnahmsweise sind mehr Männer als Frauen da, Jungen in kurzen Hosen und durchgelaufenen Schuhen, Rotznasen ohne eine Öre in der Tasche. Teilchen und Eis sind ausverkauft, die Limonade auch. Kaffee will heute keiner. Sie wollen nur eines: dass ein Weltwunder geschieht.

Heute. Jetzt gleich. Im Råsunda-Stadion in Stockholm und hier im Café soll Schweden Fußballweltmeister werden. Zwischen der Hauptstadt und Visby liegt heute kein Meer, es liegt nicht mal eine Straße dazwischen, heute sind alle live dabei, hier, bei Norrgatts, wo es einen der ersten Fernseher der Insel gibt.

Eine Luxor-Fernsehtruhe? Eine Mattscheibe mit abgerundeten Ecken, eingefasst von einem rötlichen Holz, auf vier dünnen Fünfzigerjahre-Beinchen mit Messingfüßen; auf die Anrichte gewuchtet, damit alle sehen können?

Das Bild und die Luft flimmern, als der Anpfiff ertönt.

Vierte Spielminute, und das Glück explodiert in einem vielstimmigen Jubelschrei. Nils Liedholm kickt den Ball links am brasilianischen Tormann vorbei, und Schweden liegt in Führung und sich in den Armen. Gotland liegt sich in den Armen.

Amateure, diese Brasilianer! Das schaffen wir!

Doch Angriff für Angriff schießen Vavá, Pelé und Zagallo den schwedischen Traum in Stücke. Ausgleich, 1:2, 1:3, 1:4, aber hier glauben sie noch immer fest dran, erst recht, als Agne Simonsson in der achtzigsten Minute den Ball im verwaisten Tor der Brasilianer versenkt. 2:4.

Das wird noch was!

Der Raum bebt. Die Emotionen laufen in Bächen an den Fensterscheiben herunter, obwohl es ein kühler Tag ist. Trenchcoat- und Kopftuchwetter an diesem Junitag 1958, auf den Tag fünfzehn Jahre vor meiner Geburt.

Es wird nichts.

Kein Weltwunder. Jedenfalls nicht in Schweden.

Nach dem Spiel verlassen die Gäste zügig die Konditorei, die Luft ist raus; sie gehen mit leeren Herzen hinunter in die Stadt, vielleicht noch auf ein Bier in den Munkkällaren. Endstand 2:5 – das muss man runterspülen.

Frau Norrgatt schließt ab. Sie wischt den Boden und schiebt die Tische zurecht. Morgen ist alles wieder wie immer. Morgen gibt es wieder Kaffee und Torte.

Ich setze mich an einen Tisch am Fenster.

Lausche dem Stimmensalat, Zeitungsgeraschel, Geschirrgeklapper. Glücklicherweise verschweigt die Jukebox heute ihre größten Hits *Jul vid Lauterhorn*, *Bobby Brown* und *I Love You Love Me Love* und lässt dem Wesentlichen Platz.

Es ist so angenehm ungemütlich hier. Nichts als ein schmuckloser Raum mit einem unbenutzten offenen Kamin (ein staubiger Nikolaus steht in der Feuerstelle) und in die Jahre gekommenen Tischen und Stühlen; ein Raum, in dem niemand richtig oder falsch ist, der jeden aufnimmt und sein lässt. Den Zeitungsleser, das alte Paar, zwei junge Mütter mit Babys auf dem Schoß, die Krankenpfleger aus der Klinik nebenan und den IT-Mann. Mich. Und den Jungen.

Er sitzt allein. Hat den Teller mit der Schokokugel, sein Glas und das Saftfläschchen vom Tablett geräumt und vor sich aufgedeckt. Die Gabel links vom Teller. Das Glas rechts. Das Tablett lehnt lässig am Tischbein wie ein Mitschnacker an einer Häuserecke.

Er rückt den Stuhl heran, setzt sich zurecht und isst bedächtig ein Stück von seiner Süßigkeit, trinkt einen Schluck Saft und holt dann eine kleine tragbare Playstation aus seinem Rucksack.

Er heißt vielleicht Mats.

Er kommt oft allein hierher.

Er nimmt immer eine Schokokugel.

Er sitzt am liebsten an diesem Tisch.

Er spielt, bis es Zeit wird, wieder ein kleines Stück zu essen.

Er spielt, bis es Zeit wird, ins Kino zu gehen.

Er ist alt, und er ist jung.

Die tief stehende Nachmittagssonne wirft einen warmen Strahl herein, zeigt auf meinen Platz, auf meine Zimtschnecke, mein Notizbuch (Schreib!). Für einen kurzen Moment lässt sie die klebrigen Resopaltische und die Kunstlederstühle weniger alt erscheinen, die rosa- und orangefarbenen Stoffgerbera auf den Fensterbänken ein wenig echter wirken und den nüchternen Kantinencharme des Raums verschwinden. Für einen Moment ist gestern morgen und die Zeit nicht da.

»Wenn sich das Alleinsein niedersenkt, fließen Vergangenheit, Gegenwart und Zukunft zusammen«, schreibt John Steinbeck in seiner *Reise mit Charley*.

Ich merke es schon, wie die Zeit Schlieren zieht. Wie sie die Fragen der Vergangenheit in die Zukunft spült. Wie die Gegenwart sich dazwischen verströmt.

Nichts lässt sich greifen, benennen.

Ich schaue vom Schreibtisch auf die changierenden Wellen und die Domkirche, die so geduldig und ewig sind.

Es ist sehr still in meinem Kopf.

Ein Tag ohne Worte noch.

Vor mir ein loser Haufen Buchstaben, der mir durch die Finger rann wie Südseesand und sich noch sinnlos vor mir auftürmt.

Die Kirchturmuhr schlägt Mittag, und das Carillon erklingt. Die Glocken spielen ihr Lied, das wahrscheinlich heißt: Schau an, schnelllangsam hat Gott dir schon wieder sechs Stunden von der Uhr genommen.

6 Das Meer hat's gegeben, das Meer hat's genommen. Die Wellen scheinen diesen Satz unendlich zu wiederholen in ihrer steten Bewegung, mit der sie sich an den Strand, gegen die Mauer der Mole werfen.

Ich stehe auf der rutschigen Kaimauer im Hafen von Slite, vor mir ein Meer, das finster und so wütend ist heute, dass es schäumt.

Welcher Wind hat dich so aufgebracht?

Am Horizont sehe ich ein paar Schiffe, Frachter, einer ist rot wie ein Leuchtfeuer in all dem grauen Schlechtwetter dort draußen.

Bestimmt gibt es kräftigen Seegang, und bestimmt macht es den wenigsten Seeleuten etwas aus. Aber für viele andere ist es schlimm.

Ich starre und starre voraus in die Dunkelheit und sehe doch nichts als wütende Schneeflocken; kein Eisberg, keine Schiffe, keine Leuchttürme, kein Horizont, an dem ich mich festhalten könnte, keine Insel vor uns und hinter uns schon lange kein Festland mehr. Es gibt nur umstülpende Seekrankheit und ein großes Beklagen.

Unbeirrbar stößt der Bug der Fähre in die Wellen, und

das Heck hebt sich heraus, rauf und runter, die Schraube dreht laut in der Luft, ich kann es hören, dieses Geräusch, das unterstreicht, wie hoch die Wogen sind und wie wenig die Stabilisatoren mir helfen, und mittschiffs kralle ich mich an die Reling dieser stählernen Wippe und wünsche mich fort.

Die Ostsee ist kein freundliches Meer, sie ist nicht klein und nett und sommerlich. Sie ist nicht nur das pütterige Kinderferienmeer in Kalifornien, das kurz hinter der Kieler Förde hübsch eingemuckelt zwischen Heidkoppel und Brasilien liegt. (Warum lachten immer alle, wenn ich erzählte, wo wir Urlaub machten? Wieso glaubte mir niemand, dass man in sechs Stunden von zu Hause mit dem Auto nach Kalifornien fahren kann?) Strandkorb und Schäufelchen und Krebse und Muscheln und den feinen Sand zwischen den Zehen und in der Unterhose. Sonnenbrand auf der weichen Kinderhaut, Hütchen auf und Eis geleckt. Mama liest unterm Schirm ein Buch, und Papa geht an der Waterkant spazieren, die Hände hinter dem Rücken verschränkt, wie immer. Kleine Wellen, flache Dünung.

Nein. Das hier, das ist ein raues, ein faltiges, gewaltiges Meer, das jede Laune zeigt und keine halben Sachen macht. Das Schiffe in Seenot und Menschen um ihr Leben bringen kann. Auch uns, auch mich, hier heute Abend.

Um mich abzulenken, brabble ich leise vor mich hin.

Sieben Grad hat das Wasser, zehn Minuten bis zur Unterkühlung, fünfzehn bis zur Ohnmacht, Schuhe anbehalten, nicht strampeln, meditieren, singen, in die Pfeife blasen. Weg vom Schiff, weg vom Sog, Rettungsinseln *self inflatable*. Musterstation B. Vierundzwanzig Schritte bis zur Treppe, ein Deck nach oben, vor dem Aufzug. Immer nach oben. Immer nach draußen. Bis zum Anlegen leiere ich vor mich hin, was ich über Schiffsuntergänge weiß, und das ist viel, denn ich recherchiere gründlich.

Hansa, Estonia, Scandinavian Star, Herald of Free Enterprise. Ich habe sie alle studiert.

Die Fähre *Hansa.* Sie fuhr genau diese Strecke, Nynäshamn–Visby, und verschwand am 24. November 1944 plötzlich von der Bildfläche, torpediert von einem russischen U-Boot. 84 Menschen fanden den Tod im eiskalten Meer, nur zwei überlebten. Das Wrack liegt noch gut erhalten in einhundert Metern Tiefe, mit vielen Geheimnissen, vielen Geschichten. War es hier? Hier? Hier?

Das Wasser ist schwarz, schwarz und bewahrt die Seelen der Toten. Auch die der 852 ertrunkenen Passagiere der Fähre *Estonia.* Sieben kamen von Gotland. Ihre Namen stehen auf der Gedenktafel in der Domkirche Sankta Maria in Visby. Sieben Namen untereinander. Ich lese sie immer wieder, jedes Mal, wenn ich in die Kirche gehe, denke an ihre Leben, das kalte Wasser und ihre Verwunderung über die große Stille im tosenden Meer.

Es ist halb fünf am Nachmittag und finster, gilt das als Tag oder Nacht? Wo bleibt der Hafen? Wo fahren wir hin?

Mein Magen rebelliert, kalter Schweiß; nur nicht, nur nicht, nur nicht spucken. Oder doch. Immer mit dem Wind, höre ich noch die Stimme meiner Großmutter.

Dann, irgendwann, liegt das Schiff fest vertäut, und am Ende der Gangway das Versprechen auf einen Anfang. Die Erleichterung über den sicheren Asphalt, das runde Kopfsteinpflaster. Das gelbliche, warme Licht lässt langsam die

Übelkeit schwinden, die eisigen Stunden im Schneetreiben an der Reling zu einem nebligen Gefühl schrumpfen, aber die unbändige Kraft und die Macht des Meeres hinterlassen wie bei jeder Begegnung das Gefühl von Ergebenheit.

Eine Windböe bringt mich fast aus dem Gleichgewicht. Die Hafenmauer scheint genauso zu schwanken wie das Schiff vor ein paar Wochen.

Mit dem Blick vermesse ich die See. Immer den Horizont im Auge behalten. Von hier aus schaut man nach Osten, Richtung Lettland. Es ist nicht weit nach dort drüben – zur lebendigen Hafenstadt Ventspils sind es um die 170 Kilometer Luftlinie.

Bis mir die Augen tränen, starre ich hinaus.

Dann sehe ich die Boote, die Ruderboote, Segelboote, Fischkutter und Kähne, beladen mit Flüchtlingen aus dem Baltikum, die sich zwischen 1942 und 1945 zu Tausenden übers Meer gewagt haben, weil sie sich in Schweden Sicherheit vor dem Krieg und den Besatzern erhofften.

Alles zurücklassen. Alles aufgeben. Aufs Meer gehen und das Leben riskieren, weil es die einzige Möglichkeit ist, es zu retten. Dagegen meine kleine Angst auf diesem robusten Fährschiff mit festem Ziel und sicherem Hafen! Mit tausend multipliziert, beschreibt sie nicht den Zustand jener Leute.

Es ist nasskalt.

Kein Mensch geht bei diesem Wetter fischen, kein Mensch hat hier im Hafen von Slite etwas zu erledigen. Die Boote sind winterlich vertäut, die Netze gut verpackt.

In einem Auto in der Nähe sitzt eine Frau und telefoniert. Sie raucht aus dem Fenster, ich höre ihre Stimme im schwedischen Singsang die Tonleiter rauf- und runterklettern. Drüben im alten Slite-Bad wird renoviert. Vor der Tür sägt ein junger Mann in T-Shirt und Mütze pfeifend ein Brett zurecht.

Er, sie, ich.

Wir haben keinen Krieg erlebt. Sind aufgewachsen im Luxus von Frieden und materieller Sorglosigkeit. Wenn wir flüchten, dann vor uns selbst.

Gotland kennt den Krieg zur Genüge.

Seit über eintausend Jahren werden hier Machtkämpfe ausgetragen. Die Wikinger, Olaf der Heilige, Heinrich der Löwe, Waldemar Atterdag, Erich von Pommern. Die Dänen, die Deutschen, die Schweden, die Visbyer Bürger, die gotländischen Bauern, die Lübecker: Aufgrund der günstigen Lage inmitten der Ostsee kamen die Feinde mit ihren Begehrlichkeiten von allen Seiten und überfielen die Insel wieder und wieder, die sich still unter den Anstürmen duckte und den Kopf einzog und sich zurücksehnte in die fernen fluchbelegten Zeiten, in denen sie der Sage nach dazu verdammt war, täglich im Meer zu versinken und des Nachts aufs Neue zu entstehen. Damals, bevor Tjelvar das Feuer brachte und damit den Bann der Insel brach.

In der langen, blutigen Kriegsgeschichte Gotlands ist der Zweite Weltkrieg tatsächlich eine der unblutigsten Episoden.

Er war anwesend in Abwesenheit.

Eingezwängt zwischen dem von Deutschland besetzten

Norwegen und dem mit Deutschland liebäugelnden Finn-
land, versuchte Schweden nach Kräften, Neutralität zu
wahren. Beobachtend, doch in Alarm- und Kampfbereit-
schaft. Bereitschaftszeit, *Beredskapstiden*, so wird die Zeit
zwischen 1940 und 1945 genannt.

Kaum ein Ort im Königreich wurde militärisch so bereit
gemacht wie Gotland, denn die Insel, das immerhin hatte
man aus der Geschichte gelernt, liegt deutlich näher am
Rest der Welt als die meisten anderen Orte in Schweden.

Infanterie, Artillerie, Luftwaffe und Küstenartillerie
wurden in Stellung gebracht. Panzer, Flugzeuge, Soldaten
bezogen die Insel, füllten die Ortschaften, die Häfen, die
Gedanken. Vier Kriegslazarette wurden errichtet.

Und Flüchtlingslager.

Als die russischen Truppen nach Estland, Lettland, Litauen drängten, um sich von den Deutschen zurückzuholen,
was sie als ihres ansahen, suchten viele Menschen aus Angst
vor der erneuten Fremdherrschaft das Weite.

Ungefähr 30 000 zivile Geflüchtete aus dem Baltikum
nahm Schweden damals auf. Über 10 000 von ihnen lande-
ten auf ihrer Flucht zunächst auf Gotland (das zu dieser
Zeit eine Bevölkerung von rund 59 000 Menschen aufwies).

Hier in Slite zum Beispiel.

Die hohen Schornsteine der Kalkfabrik zwirbelten schon
damals ihre Rauchsäulen unübersehbar in den Himmel
und boten den auf See Verlorenen Orientierung. Und wenn
die Boote an Land trieben, ihre verängstigte Fracht preis-
gaben, wurden sie nicht selten von Lehnsmann Berthil
Bonde persönlich in Empfang genommen.

Die Heilsarmee, die Kirche, Schulen, Pensionen, Privat-

leute stellten Räume zur Verfügung, Geld und Nahrungs-
mittel. Es war schwierig, es war eng, aber die Gotländer
bekamen es hin. Die Menschen wurden aufgenommen. Sie
wurden erstversorgt, medizinisch, menschlich.

Manche starben, und andere wurden geboren.

Sieben estnische Frauen entbanden im Herbst 1944 in
der eigens eingerichteten Geburtsabteilung in der Odd Fel-
low Loge in Visby gesunde Babys. Und die Logenbrüder
schenkten allen neugeborenen Flüchtlingskindern einen
Silberlöffel als Geburtsgabe.

Einen Silberlöffel.

Und dann, kurz nach der deutschen Kapitulation, Anfang
Mai 1945, kamen die anderen Flüchtlinge.

Soldaten.

Deutsche Wehrmachtssoldaten.

Baltische Soldaten.

Männer, die in Lettland, Litauen, Estland in deutscher
Uniform auf deutscher Seite gegen Russland gekämpft hatten, die im Namen Deutschlands die Zivilbevölkerung schi-
kaniert, kontrolliert hatten und im Namen Deutschlands
an Partisanenerschießungen, Enteignungen und der Ver-
nichtung von annähernd 100 000 Juden mitgewirkt hatten.

Ich sehe auch sie übers Meer kommen, unter den schnee-
schweren Wolken. In abgetragenen Uniformen, mit abgetragenen Gesichtern gehen die Soldaten, die dem Feind
entkommen sind und es hergeschafft haben, von Bord.

Die Frau im Auto hat ihr Telefonat beendet. Sie wirft ihre
Zigarettenkippe aus dem Fenster und lässt den Motor auf-

jaulen, als wollte sie gegen den Wind anheulen. Der junge Mann mit der Säge schaut auf, sieht zu ihr, dann zu mir. Er lächelt mich an.

Hej, sagt er.

Hei, sage ich.

Hon lär sig aldrig köra.

Nei, kanskje ikke.

Bist du Norwegerin?, fragt er.

Die wenigen Worte haben mich verraten; oder eben auch nicht.

Ich mache den Mund auf, um auf Norwegisch zu antworten: Nein, ich bin Deutsche. *Nei, jeg er tysk.*

Doch gerade jetzt, in diesem schiffbrüchigen, dünnhäutigen Moment, in dem ich mit beiden Beinen im Krieg meiner Vorväter stehe, schaffe ich es nicht, will ich es nicht sagen, nicht sein. Deutsch.

Ich nicke einfach.

Woher?

Oslo, notlüge ich.

Und was machst du hier, mitten im Winter?

Ich suche nach einer Geschichte, sage ich.

Hier? Er sieht mich erstaunt an. In Slite?

Ich zucke die Schultern.

Und in Havdhem, sage ich.

Ich bin ihm nicht böse, dass er nicht weiterfragt, dass er nicht wissen will, was ich dort, am anderen, südlichen Ende der Insel, zu suchen habe, dass er nur kurz nickt und *Jadåså* sagt und pfeifend das nächste Brett zersägt.

Der Landmaschinenhandel der Brüder Pettersson und Sudrets Livs Supermarkt bilden das Herz von Havdhem, es schlägt seit Jahren ruhig und gleich, versorgt die 270 Bewohner mit allem, was lebenswichtig ist. Eggen und Kartoffeln, Grillhühnchen und Vogelfutter. Ich biege ab Richtung Grötlingbo auf eine kleine Straße, die Stora Vägen, also Große Straße heißt. Ein dicker, bunter, überlebensgroßer Clown, der für Eis und Süßigkeiten wirbt, verabschiedet mich aus dem Ort. Schon vorbei.

Der Sportplatz, den ich suche, liegt ein wenig außerhalb, linker Hand in einem Waldstück. Er hat eine eigene Bushaltestelle. Sie heißt Lagerlingen.

Es ist ein schöner Fußballplatz. Groß und mit allen wichtigen Linien und Kreisen, mit Toren und Markierungen für die Eckfahnen. An den Längsseiten Bänke und Fahnenmasten für besondere Anlässe, an der Stirnseite ist ein zweiter, kleiner Trainingsplatz. Hier könnte ganz Havdhem auf einmal Fußball spielen.

Ich überquere den Platz bis zum Mittelkreis.

Das Gras ist braun und winterlich, der Boden hart. Es beginnt flüsternd zu regnen.

Lager Lingen.

Damals, als der Ort noch keine Bushaltestelle war, waren es zwei Worte. Leicht zu merken, leicht zu sagen. Lingen, wie das Moor ganz in der Nähe. Lingen, wie Theo Lingen.

An ihn, mit seiner näselnden Stimme, seiner schlaksig devoten Art, denkt vielleicht der ein oder andere der 563 deutschen Soldaten, der nach überstandener Flucht über die Ostsee hier im Lager VII H gelandet ist.

Für alle Soldaten aber, die hier ankommen, egal ob Este, Lette, Litauer, Franzose, Deutscher, Österreicher, Rumäne oder Tscheche, bedeuten diese zwei Worte zunächst: Auf-atmen.

Es ist Frühsommer 1945. Im lichten Wald zwischen Kie-fern und Birken wachsen siebenundfünfzig weiße Zelte aus dem Boden wie wundersame Pilze, Behelfsbehausungen zwar und eingezäunt, doch was macht das schon; sie sind so viel besser als alles andere, besser als Krieg, besser als auf See, besser als bei den Sowjets, besser als tot. Und um die nächste Ecke, hinter dem Stacheldrahtzaun, wartet schon die Freiheit, die Reise nach Hause.

Ein Zaun. Davor Gotland. Dahinter Lager Lingen.

Hauptmann Leopold Muck aus Österreich ist der Älteste. Er ist kurz vor der Flucht fünfundvierzig geworden, der Kleine Muck (tatsächlich zeigen ihn die Fotos als einen Mann, der deutlich kleiner als die meisten anderen ist – wie oft er diesen Spitznamen wohl gehört hat? Ob er das Mär-chen kannte? Und seine Kameraden? Denkt überhaupt ei-ner von ihnen noch an Märchen?), und bekommt die Füh-rung der knapp sechshundert Leute übertragen. Er hat die Ostfront gesehen und überstanden, gilt als umsichtig, durchsetzungsfähig, freundlich und ist von den schwedi-schen Offizieren der Wachmannschaft sowie von den La-gerbewohnern respektiert. »Kapitän Muck« hält den Laden zusammen.

Die Männer werden zum Arbeitsdienst eingeteilt, damit sie sich verdient machen, damit sie ihren Unterhalt erwirt-schaften, vor allem aber, damit es keine Unruhe gibt.

Manche arbeiten in örtlichen Betrieben, in der Autowerkstatt, der Schmiede, die meisten werden abgestellt zum Torfstechen, zu Waldarbeiten und Bauarbeiten.

Was denn bauen? Hier ist ja nichts zerstört?

Nun, wir denken da an einen Sportplatz, der der Kommune zugutekommen könnte. Und ein Theater? Ein Freilichttheater? Wäre das nicht der Stimmung zuträglich?

Doch, ja, bestimmt.

Es muss ein gutes Gefühl gewesen sein, sich endlich wieder für etwas anzustrengen, das nicht der Zerstörung dient. Ein Theater zu bauen, etwas, das Menschen zusammenbringt, statt sie zu trennen.

Die Lagerzeitung kündigt an:

»Das Theater dort hinten ja niemand' nicht stör',

ein Lustspiel gibt's Sonntag für ganze 10 Ör!«

Nähen, Basteln und Bauen. Verkleiden, Proben.

Sie üben Lieder und Akrobatiknummern, studieren Sketche ein. Und einer, Teofils Redins, der gibt den Clown. Seite an Seite mit den Frauen und Männern aus der Umgebung erinnern ein paar Talentierte mit Worten und Gesten an etwas zutiefst Menschliches, das die meisten von ihnen in den letzten Jahren schon fast vergessen haben.

Die anderen legen einen Rasenplatz an und lassen den Ball rollen. Ein Länderspiel wird ausgetragen: Deutschland – Schweden. Und es ist egal, wer gewinnt.

Hauptmann Muck schreibt später an Lagerleiter Erik Sellin:

»Ich glaube, dass wir mit dem Sportplatz und dem Theater etwas ziemlich Schönes geschaffen haben [...]. Die Erinnerungen an die Internierten von 1945 werden so auf lange Zeit erhalten bleiben.«

Ich starte einen Sprint aus dem Mittelkreis, dribble um ein paar gegnerische Spieler herum, suche den Kontakt zu einem aus meiner Mannschaft, aber keiner bietet sich zum Passspiel an; ich unterlaufe einen Angriff von rechts, von rechts wird mich niemand je kriegen, springe über das lange Bein eines Abwehrspielers und versenke mit einem gezielten Schuss mit meinem starken linken Fuß den Ball im langen Eck des gegnerischen Kastens. Zack. Eins zu null. Ich juble und lasse mich vom Team umarmen, überrennen, davontragen. Das wollte ich schon immer mal.

Tropfen auf der Stirn. Schweiß oder Regen. Ich gehe durchs netzlose Tor. Ein bisschen außer Atem.

Ein paar Schritte hinein in den nassen Wald lag das Theater. Es wurde im Halbrund und in Stufen angelegt, wie ein Amphitheater, damit jeder gut sehen kann.

Ich betrete die ehemalige Bühne.

Versuche sie mir vorzustellen, dort auf den Holzbänken, weit weg vom Krieg, aber immer noch in ihren Uniformhosen. Aufmerksam und bereit, sich vom Theater verzaubern zu lassen. Zu lachen.

Gespannte Stille.

Es war ein so guter Mensch, rufe ich mit durchdringender Stimme ins Rund. Es war ein so kindlicher Mensch!

Die Bäume schütteln abwehrend die Äste und lassen dicke Tropfen auf mich herunterfallen.

Jeder im Lager Lingen hat etwas zu tun.

Sie finden neue Freunde. Sie verlieben sich ein bisschen. Sie schlafen und träumen. Sie essen. Sie ruhen aus. Es gibt kaum Probleme, Zwischenfälle.

Die Sommernächte sind lang und hell, die Erdbeeren süß, und die gotländischen Mädchen lachen so schön.

Auf den Fotos sieht man das Sirren und Flirren in der Luft, den Reiz des Unbekannten, ihre Neugier, die kichernde Unsicherheit, wenn sie sich im Arm eines fremden Soldaten ablichten lassen, dem des sehr muskulösen, aufgeschlossenen Letten Georg Matisons zum Beispiel.

Aus den Gesichtern der Männer wiederum spricht verhaltener Übermut. Als befürchteten sie, dass diese rauschhafte Erleichterung nicht von Dauer sein könnte; diese Erleichterung, es gut getroffen zu haben und nicht tot zu sein wie Millionen andere, und das mit dem dunklen Wissen im Herzen, was jeder von ihnen getan hat.

Sie ist nicht von Dauer.

Der Krieg ist zwar beendet, doch nicht vorüber.

Am 2. Juni 1945 fordert die Sowjetunion, entsprechend den Kapitulationsbedingungen, Informationen über den Verbleib sämtlicher der Sowjetunion zustehender Kriegsgefangener an – also aller in Uniform betroffenen Angehörigen der Wehrmacht, die zuletzt auf sowjetischem Gebiet gekämpft haben. Die Regierung Schwedens beschließt hinter verschlossenen Türen, diese Forderung mehr als wörtlich zu nehmen – und die Kriegsgefangenen auszuliefern.

Diesmal keine Silberlöffel.

Auf Gotland ist Sommer, man singt und lebt wieder, noch unbeschwert.

Der Juli kommt. Der August. Und Fürsorger Hellman vom Staat und mit ihm das Gerücht.

Plötzlich geht ein Raunen durch das Lager Lingen wie der Wind durch die Äste der Kiefern.

Auslieferung, flüstert es. Auslieferung.

Kann das sein? Schweden ist doch neutral? Kann das wirklich sein? Was passiert mit uns?

Sie alle wissen: Die schrecklichste Variante des Überlebens ist die russische Gefangenschaft. Gulag. Das Wort und seine Bedeutung hat sie selbst in den Träumen vor Angst schwitzen lassen.

Wochenlang kursieren die Gerüchte, wachsen mit jeder Runde, die sie drehen: blähen, plustern sich auf und werden immer bedrohlicher, bald heißt es, das Lager solle aufgelöst werden, doch nichts wird von offizieller Seite bestätigt.

Noch ist Sommer, und nichts ist passiert.

Ein paar Männer halten es nicht mehr aus und nehmen ihr Schicksal in die eigene Hand. Einige versuchen, zu fliehen, wieder einmal. Zwei schaffen es, zwei schaffen es nicht. Manch einer, wie Josef Oellers, sucht sich ein Mädchen, eine Verlobte, einen Grund, hierzubleiben, andere verfassen Bittgesuche um Aufenthaltsgenehmigung, da ihre einstige Heimat jetzt in Polen liegt.

Sie reden Tag und Nacht, ohne etwas zu wissen, niemand außer dem schwedischen Lagerkommandanten Erik Sellin weiß von der geplanten Auslieferung. Sie spekulieren und hoffen und spielen Theater, lernen Schwedisch und schreiben Briefe an »unbekannte Fräuleins«. Kapitän Muck versucht, Ordnung und Ruhe zu bewahren.

Noch ist Sommer, noch ist nichts passiert.

Der September kommt, das Laub färbt sich, und im Theater wird das Varieté »Rummel« gegeben. Der Clown ist die beliebteste Nummer. Die ersten Internierten werden in Lager auf dem Festland verbracht.

Am 3. Oktober wird das Lager Lingen aufgelöst. Sämtliche Insassen werden aufs Festland nach Rinkaby überführt.

Als der Auslieferungsbeschluss öffentlich bekannt wird, gehen die baltischen Soldaten in Hungerstreik. Zahlreiche Deutsche versuchen, ihrem Los durch Selbstverstümmelung oder Selbstmord zu entgehen. Kapitän Muck, der kleine freundliche Mann mit der besonnenen Art, ist einer von ihnen. Als er nichts von zu Hause hört, keine Antwort auf seine Briefe erhält und seine Frau und Kinder tot wähnt, gibt es für ihn wohl keinen Grund mehr, einem Schicksal in russischer Gefangenschaft ins Gesicht zu sehen. Er erhängt sich. Auf dem Tisch neben ihm liegt ein Zettel: Bitte das Seil nicht abschneiden, bevor der Tod eingetroffen ist.

Anfang Dezember schließlich werden unter Protesten 2300 Deutsche und 146 Balten an die Sowjetunion ausgeliefert.

Dieser keineswegs zwingende politische Akt, in den Geschichtsbüchern häufig als Baltenauslieferung bezeichnet statt treffender als Deutschenauslieferung, gilt bis heute als eine der fragwürdigsten Entscheidungen in Schwedens Weltkriegspolitik.

Mit wie viel Hoffnung sie sich zu Beginn des Sommers im Baltikum aufs Meer gewagt hatten, geflohen waren. Und jetzt?

Die Regentropfen auf meiner Brille brechen das Licht zu zahllosen Doppelbildern, ich kann nichts mehr erkennen als zersplittertes Braun und Grün und Grau um mich herum, und die alten Bilder verschwimmen mit den jüngsten. Bilder aus der Ostsee werden eins mit Bildern aus dem Mittelmeer. Bilder Ertrunkener, Bilder Geretteter, Bilder Verzweifelter, Bilder Hoffender, Bilder Helfender, Bilder Wütender, Bilder Entmutigter, Bilder von Verrohung und Gleichgültigkeit. Bilder, vor denen ich nicht und auch sonst niemand die Augen verschließen kann, weil sie längst hinter unseren Lidern sind. Und dazu die unbegreifliche, unmenschliche Frage, die immer wieder in den Raum gestellt wird, welches Leben es wert sei, gerettet zu werden.

Meine Begriffe und meine Gefühle kollidieren immer wieder in diesem absurden Dilemma aus Schuld und Moral. Und meine Worte, die reichen nicht aus, um sinnvoll zu schweigen.

Ich gehe zurück zur Straße.

Der Bus von Visby nach Burgsvik kommt entlang des Stora Vägen auf mich zu und hält neben mir. Die Türen gehen auf.

Willst du mit?, fragt der Busfahrer, ein stämmiger Mann um die sechzig.

Das Wasser rinnt mir von der Kapuze, als ich den Kopf schüttle.

Nej, tack.

Er sieht mich einen Augenblick an.

Tyska?, fragt er. Deutsche?

Ich nicke.

Er grüßt freundlich und schließt die Türen.

Der Wind treibt die Ostsee hoch und höher. Das Meer scheint zu kochen.

Flugzeuge können schon seit gestern nicht mehr landen, und jetzt wurde auch der Fährverkehr eingestellt.

Wir sind abgeschnitten. Die Nabelschnur ist gekappt.

Eine zerzauste Euphorie erfasst mich: Wir treiben frei!

Der Gedanke allein verändert alles.

Jetzt ist die Insel wirklich Insel. Endlich.

Es zieht mich raus in den Sturm, an den Strand. Ich will die Grenze dieser Welt anschauen, die dünne Linie, die an diesem Tag schärfer als sonst das Innen vom Außen trennt.

»Am Ende ist man auf sich selbst zurückgeworfen, auf sich selbst und die eigene Stärke – die innere und die äußere.«

Welle um Welle versprüht ihre Gischt, der salzige Nebel wäscht mir die Schwermut der letzten Tage aus den Augenwinkeln.

Vor mir erstreckt sich die massive See wie eine abstrakte Behauptung von Unüberwindbarkeit, und je länger ich sie betrachte, umso deutlicher spüre ich unter meinen Füßen das kleine Stück Land und seine Bedeutung.

Ich bin hellwach.

7 Mitten im Wald von Follingbo, durchs feuchte Unterholz, über Stock, über Stein und durch Dornengestrüpp,
vorbei an Ameisenhügeln und Fuchsbauten, steht da plötzlich eine Mauer. Efeuüberwuchert ist sie, teils eingestürzt
und doch eine deutliche Grenze.

Ach, Neugier. Willst hinter jede Tür schauen, hinter jeden Zaun, über jede Grenze. Muss das denn sein?

Eine Lücke – ja, ist es nicht eigentlich ein Eingang? – lädt
ein zur Übertretung. Es geht ganz leicht, andere haben es
offenbar auch schon gewagt.

Ein Platz öffnet sich, fünf Stufen führen hinauf auf ein
gemauertes Plateau. Eine Treppe wie zum Portal eines Her-
renhauses, doch auf dem Fundament stehen allein vier hohe,
gemauerte Pfeiler. Sie ragen in den Himmel wie mahnende
Zeigefinger, die Gott darauf aufmerksam machen, dass hier
etwas Denkwürdiges in Vergessenheit geraten ist.

Doch was?

Linien und Verbindungen will man ziehen. Zusammen-
hänge sehen.

Ein paar Schritte von dem seltsamen Bauwerk entfernt:
vier gedrungene Kupferstelen. Wie Schiffsschornsteine sehen sie aus, aber es sind Blumenstelen – ohne Blumen, nackt

und rostig –, und sie stehen auf einer von hellem Moosschorf überzogenen Grabplatte. Der graue Himmel spiegelt sich silbrig im feuchten Stein. In der Mitte der Platte, in feierlicher Symmetrie, thront auf einem kleinen Podest eine Urne. Der Sockel trägt Daten und drei Namen, Frauennamen allesamt, die jedoch nie zu erwachsenen Frauen gehörten, sondern Mädchennamen blieben. Kinder waren sie, gewünschte, geliebte Kinder. Zwei starben noch vor ihrem ersten Geburtstag, verrät die Inschrift, das dritte wurde knapp fünf Jahre alt.

Ein Ort verlorener Töchter.

Es ist still im Wald. Sehr still. Kein Vogel, kein Wind.

Ein Wort drängt sich auf.

Totenstille.

Das findest du, Neugier, wenn du im Wald über Mauern steigst. Orte voller Trauer und Sehnsucht.

Eine dem Fels abgetrotzte Treppe führt auf eine tiefer gelegene Terrasse. Fünfzehn Schritte. Die Stufen sind rutschig. Dort unten riecht die kühle Luft nach Erde und Leben und Tod, vermodert und frisch zugleich. Steine und Bäume tragen ein Flechtenkleid. Die Zeit ist anwesend.

Zwei Eiben lehnen sich schützend vor eine kupferbeschlagene Tür. Es ist die Tür zur Erinnerung, die Tür zur Gruft unterhalb der Grabplatte, mit mächtigen Quadern zwischen zwei Felsen gemauert. Eine aufgehende Sonne ist in den Sturz gemeißelt.

Die Tür. Kein Griff, kein Knauf. Mit Vorhängeschloss vor der Neugier gesichert. Doch ein Blick durchs große Schlüsselloch ist möglich.

Warum will man hineinsehen? Was erhofft man sich?

Die Untröstlichkeit dieses verlorenen Ortes hat doch längst alle Kleidungsschichten durchdrungen.

Das Auge dennoch ans kalte Metall gepresst.

Fahles Licht fällt von der anderen Seite durch ein schmales, hohes Glasfenster, erhellt die Kammer, offenbart einen eingestaubten Steinsarkophag, einen spinnenumwobenen Lüster.

Sie sollen es nicht zu dunkel haben, die Kinder, dort im kalten Berg.

Ein Windstoß lässt die Baumkronen rauschen. Es tropft der hängen gebliebene Nachtregen aus den Ästen und Zweigen.

Auf einer weiteren Terrasse, ein wenig abseits, steht wie eine eiserne Armee eine Batterie aus Kanonen. Fünfzehn schwere Rohre in die Scharten einer Mauer gestützt – wie lange schon? –, zeigen auf die einsame Wiese unterhalb der Anlage. Tragisch, fast trotzig bieten sie dem Nichts die Stirn. Ein paar Kugeln liegen dort unten verstreut im Gras.

Auf wen wollte man hier schießen, was verteidigen? Es war doch schon alles verloren.

Hinter der Wiese, in deren Mitte eine Gestrüppinsel treibt, steht ein Haus. Es schaut aus leeren Augen herüber. Die Fenster sind ohne Scheiben und dunkel, das Haus ist grau.

Lauf schnell nach Hause, Neugier, und lass dich umarmen.

Und wenn du einen warmen Tee hast und jemand deine Füße wärmt, dann lass dir die traurige Geschichte vom Handelsmann Jacob Dubbe erzählen.

Die See bestimmt früh sein Schicksal.

Kaum acht Jahre ist er alt, als 1777 sein Vater Schiffbruch erleidet und Jacob Dubbe mit seiner Mutter in Armut fällt. Doch er hat Glück, eine Gönnerin und einen guten Geschäftssinn. Mit gerade mal achtzehn ist er bereits ein gewiefter Händler, und kaum zehn Jahre später ist er Mitglied der Kaufmannsgilde und betreibt einen florierenden Handel mit Havariegütern. Er wird Reeder und Kalksteinbruchpatron. Arbeitet sich reich und reicher. Unanständig reich für einen Emporkömmling, finden die Leute.

Nachdem er sich einen Assessortitel beschafft hat, um so die Scharte seiner Herkunft auszuwetzen, ist Dubbe endlich auch standesgemäß unbedenklich und kann Anna Torsman ehelichen (die ihrerseits vom Schicksal nicht ganz unbeschädigt ist, da sie bereits einmal verheiratet und drei Tage nach der Hochzeit sowohl ihres Gatten als auch der Mitgift verlustig gegangen war; doch das stört Dubbe nicht, denn er liebt Anna sehr).

Als Morgengabe für seine Frau lässt er an der Ostküste, in Katthammarsvik, das Anwesen *Annas Nöje*, Annas Freude, erbauen, ganz nach dem Vorbild ihres Elternhauses Torsmanska Huset in Visby.

Das Paar bekommt drei Töchter, Frederica Lovisa (1804), Jacobina Lovisa Christina (1806) und Anna Maria Wirgina (1808) – und verliert alle drei.

Die Leute bleiben gnadenlos.

Das Leben seiner Töchter sei der Preis, den er im Pakt mit dem Teufel für seinen Reichtum habe bezahlen müssen, munkeln sie. Denn wie sonst hätte er so reich werden können?

Aber Jacob Dubbe lässt sich nicht demütigen. Im Gegenteil. Er beschließt, sich selbst und seiner Familie in der Nähe seines Gutshofes Rosendal in Follingbo ein Denkmal zu setzen. Er lässt seine Neider für sich arbeiten und bezahlt sie gut. Er kann es sich leisten.

Ein Park, stilistisch auf der romantischen Höhe der Zeit, wird in drei Terrassen angelegt, über einen Hektar groß, mit hellen Kieswegen, Fischteich und Badehaus. Mit Skulpturen und Ruheoasen, mit Blumenbeeten und Bäumen. Gekrönt von einem fünfzehn Meter hohen, hölzernen Bau, den Dubbe nur Das Lusthaus nennt.

Zwanzig Kirchtürme in der Umgebung kann man von dort oben angeblich sehen, doch das genügt Dubbe nicht. Er lässt in den Wald eine Schneise schlagen, denn er will auch die Stadtmauer Visbys, die Domkirche und das Meer sehen. Ungehindert.

Der mehrgeschossige Holzbau wird gehalten von vier hohen Pfeilern. Eingerichtet mit Kajüten und Salons, vollgestopft mit Seefahrtsdevotionalien, schwebt das Lusthaus über dem Fundament wie »ein Schiff, das unter aller Heiligen und großen Schiffspatrone Obhut auf still stehender See dahinsegelt«.

Unterhalb des Turms lässt er zwischen zwei Felsen eine Grabkammer bauen, in der ein Mausoleum für seine Töchter entstehen soll. Siebzehn Jahre und viele Reichstaler kostet es ihn, bis er die königliche Einwilligung dazu erhält und die Kinder endlich nach Hause holen darf.

»Ungefähr um 10 Uhr am Vormittag wurden die drei Leichen des Herrn Assessors Töchter mit einem zweispännigen Fuhrwerk aus der Stadtkirche abgeholt, wo sie seit einigen Jahren verwahrt worden waren. Eine lange Prozession von Verwandten und Gästen folgte«, steht am 5. 10. 1827 im *Wisby Argus* zu lesen. »Auf dem Hügel war, neben dem Lusthaus, ein großes Zelt für die Prozession und die Gäste errichtet worden, nebst Bänken für die Zuschauer, die sich in großer Zahl eingefunden hatten. Zudem waren an vielen Stellen Fahnen gehisst, die auf halbmast wehten.«

Dubbe spart an nichts: Der Grabkammer werden ein Goldmedaillon mit einem Doppelporträt von Anna und ihm, eine mittelalterliche Glasmalerei mit Engelsmotiv sowie ein barocker Kronleuchter aus der St.-Olofs-Kirche in Lärbro beigegeben. Romantische Zeichen der ewigen Verbundenheit. Aus der Ruine der St.-Hans-Kirche in Visby beschafft er die Grabplatte, die das Dach der Gruft bildet. Sie stammt aus dem 14. Jahrhundert, die namentlich darin eingemeißelten Seelen sollen ab jetzt über die Mädchen wachen.

Nach Annas Tod, an seinem achtundsechzigsten Geburtstag, verlässt Dubbe Gotland für immer. Er stirbt sieben Jahre später in Stockholm.

Ein hungriges Feuer hat 1958 das ohnehin schon verfallene Lusthaus aufgefressen, seither gehört der Jacobsberg wieder der Natur. Dubbes Schneise ist vernarbt, der Wald hat sich Stück für Stück zurückgeholt, was ihm einst mit Äxten und Sägen abspenstig gemacht wurde, und umschließt schweigsam die Lebensruinen eines Mannes, an dessen glücklichem Händchen unglaublich viel Pech klebte. Fast umarmt die Natur diesen klagenden Ort, als wollte sie das, was noch übrig ist, beschützen. Viel ist es nicht.

Jetzt.

Genau so will ich für immer sein, mit diesem Ausblick, diesem Gefühl. Will, dass alles so bleibt, wie es ist, dass alles strahlt und nichts vergeht.

Hier scheint es möglich.

Mit diesem Wunsch bin ich nicht allein.

In der neuromantischen Inselsucht unserer Zeit ist es eins der beliebtesten von Kunst und Literatur gepflegten Ideale, dass auf dem Traumeiland, abgeschieden von Modernisierung und Fortschritt und heimatlichen Sorgen, die Zeit stillsteht. Dass dort das Leben gemächlich und unbeschwert läuft und die Welt irgendwie noch im Originalzustand, also in Ordnung ist.

So werden die Inseln beschrieben, so werden sie gedacht, mit der »schwebenden Melancholie eines immer schon vergangenen, gleichsam in seinem Verlust festgehaltenen glücklichen Moments«.

Schau doch, ruft unser trotziges Herz, schau! Es ist alles noch da.

Die gute alte Zeit!

8 Mit den Orten ist es wie mit den Worten.

Sie entfalten ihre Bedeutung im Zusammenhang. Aus der Menge gehoben, in Bezug gesetzt werden sie farbig und lebendig, interessant.

Fridhem ist so ein Ort.

Eine Liebesgeschichte, die mir bei einem Kaffeetrinken so zufällig, so nebenbei zu Ohren kam wie ein Lied aus einem offenen Fenster, hat ihn auf meine Landkarte gesetzt.

Gotland?, sagte meine Freundin K. Da muss ich immer an meine Tante denken. Sie hatte eine Liebschaft auf Gotland.

Ein schöner Platz für eine Liebschaft, sagte ich.

Es war nicht irgendeine. Es war ihre größte Liebe, sagte K.

Und dann erzählte sie mir mit knappen Worten von einem Hotel auf den Klippen mit einem Flügel im Salon, einem Mann, der darauf spielte, und einer jahrelangen Liebe jenseits der Sprache, der Vernunft und der Zeit.

Vier, fünf Sätze über eine ungewöhnliche Liebe an einem verträumten Ort. Mehr waren es nicht.

Mehr war nicht nötig, um mich zu kriegen.

Välkommen.

An der Rezeption empfängt mich ein Mann mit Augen, so hellgrün wie die Ostsee an einem flachen Sandstrand. Er reicht mir meinen Schlüssel und einen Schnipsel mit dem Wi-Fi-Passwort, erklärt mit leiser Stimme den Weg zu meinem Zimmer und zum Speisesaal. Er lächelt. Schickt mich los, mit diesem Lächeln, einer Handbewegung.

Bitte, die Dame.

Ich durchquere einen schmalen Flur, rundum so flirrend blau geblümt, dass einem die Gedanken durcheinanderkommen, und stehe plötzlich in einer anderen Zeit. Biedermeiersofas mit geklöppelten Lehnenschonern, Kronleuchter, Häkeldecken auf glänzenden Teaktischchen, ein opulentes Porträt von einer Frau mit traurigen Augen. Und hinter der verglasten Veranda ein Park, das Meer und die unverkennbare Felsspitze von Högklint.

Ein Blick zurück. Ja, der Flur ist noch da, die Blümchentapete auch. Ein Korridor durch ein Jahrhundert muss das sein.

Und hier ist der Prinzessinnensalon, sagt er neben mir. Dies ist die einzige königliche Residenz auf Gotland. Für uns ist es sehr wichtig, das Andenken der Prinzessin zu pflegen.

Ich nicke irritiert. Kann mich nicht abwenden von den hellen Meeren in seinem Gesicht.

Eine Prinzessinnenresidenz!

Dass ich so lange nichts von diesem Haus wusste.

Dass ich hier bin.

Unwirklich.

Die romantische Blauheit vom Eingangsbereich setzt

sich in meinem Zimmer in den Tagesdecken, Teppichen und Wandmustern fort wie ein konsequenter Traum, und als ich die Fenster öffne und die weiße Gardine nach draußen flieht, entschlüpft mir ein Lachen. Es ist eins der frohesten Sorte. Ich lege mich aufs Bett, auf gestärkte Laken, spitzenverziert und monogrammbestickt, wippe ein wenig auf und ab und lasse mich von den weichen Bettfedern schaukeln. Schließe die Augen.

Denke an K.s Tante, von der ich nicht mal den Namen weiß, doch ohne die mir dieses wunderseltsame Haus und die dazugehörige Prinzessin verborgen geblieben wären.

Denke an Zufall, Neugier und das Entdecken.

An ein Segelboot, das an kleinen Inseln des Wissens festmacht, um Neues zu finden, und an die kleine deutsche Vorsilbe *Er-*, die die Mühen des Zählens und Findens schließlich mit Geschichten belohnt.

Als ich die Augen wieder öffne, hat sich die Nacht kühl und schwarz im Zimmer breitgemacht. Ich stehe auf und schließe das Fenster.

Da ist eine irgendwie körperliche Stille im Haus, so präsent, als säße sie auf einem Sofa und läse.

Ich gehe sie suchen. Schleiche auf Zehenspitzen nach unten. Alle Bilder, Zeichnungen, Aquarelle im Treppenhaus schauen mich an. Knarzende Stufen, eine quietschende Tür. Ich halte inne und horche.

Hier! Hier drüben, flüstert es aus dem Prinzessinnensalon.

Ich gehe hinein in die beredte Dunkelheit.

Setz dich, setz dich ruhig, vernehme ich.

Hier, an den Flügel?

Warum nicht?

Ja. Warum eigentlich nicht.

Auf dem Notenbrett des Bechstein steht eine alte Partitur. *Gotland min längtan*, lautet der Titel. *Gotland, meine Sehnsucht.* Ich schlage die erste Seite auf und weiß jetzt alles.

An diesem Flügel saß *er* und spielte.

Er saß da und spielte, als Johanna, so nenne ich K.s Tante, und ihre Schwester zum ersten Mal durch die Tür von Fridhems Pensionat traten.

Die Musik klang durchs Haus, während sie ihren Meldebogen ausfüllten und anschließend vom Hausherrn Joel Björkqvist persönlich auf ihre Zimmer begleitet wurden. Die Damen bezogen Quartier, und Johanna bekam das Zimmer mit Aussicht.

Ja, es ist diese Art von Unterkunft: Frauen sind hier Damen. Man hält sich plötzlich eine Spur gerader und spricht beim Essen ein wenig leiser. Es ist, als erforderten die Mustertapeten und die polierten Holzböden, die Ölgemälde, das in die Jahre gekommene Mobiliar, die Aussicht, der Lustgarten eine leicht geschnürte Jahrhundertwendehaltung, einen etwas gestelzten Ausdruck und am besten noch einen Fächer oder einen Sonnenschirm. Dieses großzügige, gelbweiße Haus im Schweizer Stil atmet noch die Zeit und die Bestimmung, in der es erbaut wurde. 1861. Als die Räume niemand Geringerem als einer Königlichen Hoheit zur Sommerfrische dienten.

Charlotta Eugenia Augusta Amalia Albertina aus dem Hause Bernadotte. Kurz: Eugénie.

Sie hustete.

Die Prinzessin von Schweden und Norwegen zeichnete auch recht treffend und humorvoll, sie schrieb, übersetzte und komponierte zahlreiche Werke für Klavier und Kammermusik.

Vor allem aber hustete sie.

Ihr Husten war schlimm, bis aufs Blut schlimm. Und nach dem Typhustod ihres Bruders Gustaf, der ihr näherstand als jeder andere Mensch, war sie selbst dem Tode nahe und wollte noch schlechter genesen.

Im Winter war das Stockholmer Schloss ihr frostiges Gefängnis. Zugige Gänge, dünne Fenster, riesige, ungeheizte Räume. Die Steinfliesenböden in den Sälen glatt und blank und kalt wie das Eis auf dem Mälarsee.

Mich fröstelt.

Die Nachtluft streicht mir um die Füße wie eine schwarze Katze, und ich erkenne in der durchscheinenden Spiegelung im Verandafenster einen Traum aus Kinderzeiten, es ist einer meiner ältesten:

Ich renne barfuß durch einen prachtvollen Saal. Dort, wo die einfallende Sonne mir helle Lichtteppiche ausgerollt hat, fühle ich in der kurzen Berührung ihre Wärme. Hundert Schritte oder mehr, dann erreiche ich eine Flügeltür. Sie ist geschlossen. Ich muss die Arme recken, um an die beiden goldenen Knäufe zu gelangen. Ich bin klein. Die Tür ist groß. Das erhabene Gefühl, die Flügel aufzustoßen, mit aller Kraft. Und vor mir tut sich ein weiterer Saal auf, nicht weniger schön und nicht weniger prächtig. Das alles wartet nur auf mich, darum renne ich weiter. Und weiter. Saal für Saal, Tür für Tür. Atemlos, und von einem nahezu größenwahnsinnigen Freiheitsgefühl getragen, das aus der kindlichen, unverdorbenen Annahme geboren ist, dass Raum und Freiheit gleichbedeutend sind.

Bestimmt war Eugénie das Barfußlaufen leibärztlich untersagt. Kalte Füße sind schließlich das Letze, was eine Prinzessin mit einer chronischen Lungenkrankheit gebrauchen kann.

Was sie brauchte, war eine Luftveränderung.

Im Sommer, im milden Klima Gotlands, ging es ihr deutlich besser, darum erstand sie ein karges Stück Land auf dem Hochufer unweit von Visby und ließ sich dort ihre Sommerresidenz erbauen.

Alles in Holz, wie man es in Gotland auf dem Lande tat. Lokale Handwerker, fachkundige Schreiner und Tischler. Der Garten unter ihrer Aufsicht angelegt, jede Pflanze sorgfältig ausgewählt.

Sie ließ im Salon einen Flügel aufstellen und stimmen.

Sie ließ sich einen Tee auf die Veranda bringen, schloss die Augen und atmete tiefer ein als je zuvor.

Es war so herrlich *friedlich* hier.

Fridhem.

Ich ziehe die Füße auf die Klavierbank und schlinge die Arme um die Knie. Lausche den Wänden, den Böden, den Fenstern, den Stühlen und Chaiselongues. So viele Leben in diesen Räumen. Die Gemeinsamkeiten. Die Einsamkeiten.

In der Dunkelheit verschmelzen alle Geschichten zu einer.

Ohne sich frisch zu machen oder auszupacken, ging Johanna wieder die Treppe hinunter. Die Klaviermusik zog an ihr. Eine Weile blieb sie im Flur stehen und hörte den Tönen zu, und der Stimme, die dazu summte. Ein tiefer, voller Bass, der die feinen Härchen in den Ohren flirren ließ. Sie gab ihren Kopfton dazu, entschlossen, aber zart, und betrat den Salon.

Der Mann am Flügel spielte weiter, ohne aufzublicken, fügte eine Wiederholung ein, wo normalerweise keine war, das merkte Johanna genau, dann noch eine, doch das schönste Lied hat eine Schlussnote, und die schlug er so vorsichtig an wie möglich, als könnte er sie überlisten. Der Ton klang und klang und verklang.

Er drehte sich zu ihr um.

Ein großes, offenes Gesicht. Ein wenig unrasiert, aber freundlich. Er trug grobe Arbeitskleidung und wirkte in all der feudalen Plüschigkeit dennoch nicht fremd.

Ich stelle mir vor, dass er oft dort Platz nahm und eine Weile spielte, nachdem er seine Waren ausgeliefert hatte. Frische Austern. Er war Fischer. Er hieß Carl. Vielleicht war er ein Freund des Hauses. Jedenfalls hatte Joel, der Chef des Pensionats, bestimmt nichts dagegen, dass er den Flügel bespielte. Er war ja selbst ein leidenschaftlicher Sänger.

Johanna lachte, und aus ihm floss ein wirbelnder Strom freundlich klingender Worte, den sie natürlich nicht verstand, kein Wort verstand sie von dem, was er komplementierte.

Sie zuckte verlegen die Achseln und sagte: *Sorry, I don't speak Swedish.*

Und er sagte: *Oj. Förlåt, jag talar inte engelska! Förlåt kära, förlåt. No English. Bara svenska. Men vad fint du sjungat.*

Sie sahen einander an, plötzlich befangen.

Die unerwartete Sprachlosigkeit lag zwischen ihnen wie ein aus dem Nest gefallener Vogel. Es erschien Johanna so seltsam, dass sie sich in Worten nicht verstanden, denn eben noch, in den Tönen, war es ganz leicht gewesen.

Aber Sie kennen vielleicht deutsche Musik?, sagte Johanna.

Er sah sie ratlos an.

Schumann?, fragte sie.

Er überlegte kurz, dann spielte er ein Lied an, und sie sang dazu:

Im wunderschönen Monat Mai,
als alle Knospen sprangen,
da ist in meinem Herzen
die Liebe aufgegangen.

Ihre Wangen blühten, sie lachten mit offenen Mündern.

Vad skönt, sagte er. *Vad härligt.*

Ja, sagte sie. Herrlich.

Jetzt lachten sie mit den Augen.

Von der Rezeption rief eine Frau: *Kommer du,* Carl?

Ach, wäre sie doch ein Junge geworden!

Dann hätte sie nie eine Puppe und eine Freundin vermisst, dann wäre die Welt eine andere gewesen.

Eugénie schaute zu ihren drei älteren Brüdern auf und sah, was sie nie erreichen würde. Die Thronfolge war ohne sie geregelt, denn Frauen waren darin schlicht nicht vorgesehen, und auch die Talente waren unter den Geschwistern bereits großzügig verteilt.

Die Bernadottes hatten einen ausgeprägten Sinn für die schönen Künste. Ihr ältester Bruder Karl erwies sich als begabter Maler und pflegte überdies eine Vorliebe für die Skaldendichtung. Sogar ein Roman aus seiner Feder erblickte das Licht der Welt. Der zweite, ihr Lieblingsbruder Gustaf, war zweifelsohne der begabteste Musiker in der Familie, der weiche Tenor des Sängerprinzen ging in die Geschichte ein, ebenso wie zahlreiche von ihm komponierte Lieder. Das Stück *Sjungom studentens lyckliga dag* war buchstäblich ein Hit, der bis heute inbrünstig von schwedischen Chören geschmettert wird, wenn die Abiturienten ihre Studentenmützen in die Luft werfen. Welch glücklicher Tag! Bruder Oscar, später Marineoffizier mit Leib und Seele, verfasste Fachbücher und überdies einen maritimen Gedichtzyklus. Diese Jungen hatten das Zeug, König zu werden.

Was wird da ein Mädchen?

Bescheiden.

Eugénie war so bescheiden, dass sie beim Signieren ihrer künstlerischen Werke auf sechs von sieben Buchstaben ihres Namens verzichtete und sie durch Sternchen ersetzte.

E★★★★★★.

Weiter stand nichts auf den Notenblättern, auf denen sie

in feiner Schrift einen *Novemberabend,* einen *Trauermarsch* und einen *Sonnenuntergang* notierte.

E✶✶✶✶✶✶. Sie war eine in Moll gestimmte Seele.

Bestimmt.

Und es wäre leicht, sie in diesem Licht zu sehen: ein Schicksal, bestimmt von Unterordnung und Aufopferung. Doch mir ist der Gedanke lieber, dass sich unter diesem epochalen Mantel von Selbstlosigkeit, Melancholie und Kränklichkeit, der ihr von der Geschichtsschreibung umgehängt wird, eine Klugheit verbarg, die Eugénie entschlossen und wohltemperiert ihren eigenen Weg gehen ließ. Still und leise machte sie sich sowohl ihre Nachrangigkeit als auch ihre Privilegien zunutze.

Heiraten?

Sie bevorzuge das süße, freie Leben, erklärte sie und meinte damit weniger zügellose Ausschweifungen als wohl vor allem das Glück, sich nach Brüdern und Vater nicht dem nächsten Mann unterordnen zu müssen. Die offene Untreue ihres Vaters der Mutter gegenüber, die Zwänge einer arrangierten Ehe – all das war ihr sicher nicht verborgen geblieben. Anträge aus Königshäusern rundum in Europa quittierte sie daher lächelnd mit einem unmissverständlichen »Ach, lieber nicht«. Stattdessen machte sie als eine der Ersten von dem im Jahr 1858 erlassenen Gesetz Gebrauch, das unverheirateten Frauen erlaubte, sich für mündig erklären zu lassen.

Ein bisschen frei werden.

Wenigstens das.

Ich schaue hinaus in den schlafenden Garten und denke an den Panther hinter den Stäben. Wie wenig mein barfü-ßiger Traum mit der Wirklichkeit in Königshäusern zu tun hat.

Am nächsten Morgen liehen sie sich Räder, Johanna ein ro-tes und ihre Schwester ein schwarzes, und strampelten mit und gegen den Wind durch die umliegenden Dörfer. Der zuckerwattige Duft von Heckenrosen. Eine Ahnung von Süße, eine leichte Schwere. Johannas Schwester hatte zum ersten Mal seit Jahren wieder Sommersprossen, und in Jo-hannas Kopf war ein Bienenschwarm. Sie konnte es nicht erwarten, zurück nach Fridhem zu kommen und ihn frei-zulassen.

Carl war schon da.

Trug heute keinen Arbeitsoverall. Der große Mann wirk-te seltsam klein, wie er da am Flügel saß, in braunen Socken und im blauen Hemd.

Hej, sagte Johanna.

Hej, sagte Carl.

Und dann wussten sie nichts mehr zu sagen.

Er stimmte Schubert an, fragend. Sie nickte.

Leise flehten ihre Lieder, bis es Zeit für Kaffee und Waf-feln mit Blaubeeren war und Tassenklappern die Musik ver-scheuchte. Aber etwas anderes blieb, und es leuchtete und leuchtete fort in die folgenden Tage.

Wenn die anderen Gäste am Strand, in der Stadt oder auf Ausflügen waren und das Haus in einem schläfrigen Frieden ruhte, ergründeten Johanna und Carl die musikali-schen Fertigkeiten und Vorlieben des anderen, tasteten sich über unverfängliche Passagen langsam zu den fast durchsichtigen Stellen vor, an die zu rühren schon einen Schauer auslöste, bis hin zu dunklen und intimen Tönen, die Johanna den Atem stocken und Carls deutlich älteres Herz für ein paar Schläge aussetzen ließen. Dann schwiegen sie meist für einen Moment, so scheu, als hätten sie einander unvermutet nackt gesehen, und Carl ging leise aus dem Raum. Zurück in sein Leben.

Auf diese Gefühle waren sie beide nicht gefasst.

Diese Art von wortloser Liebe.

Gotland, Fridhem – war das Eugénies süßes, freies Leben?

Im Gleichschritt mit ihrem Garten blühte die Prinzessin auf: Obstbäume, Himbeeren, Erdbeeren, Flieder und Rosen gediehen in der vormals karstigen Umgebung. Verschlungene Wege, romantische Ecken, ein kleiner Wasserfall, der dem Meer entgegenrinnt – fast wie in Alkinoos' Garten.

Allda streben die Bäume mit laubigem Wipfel gen Himmel, [...]
Birnen reifen auf Birnen, auf Äpfel röten sich Äpfel. [...]
An dem Ende des Gartens sind immerduftende Beete
voll balsamischer Kräuter und tausendfarbiger Blumen.
Auch zwei Quellen sind dort: die eine durchschlängelt den Garten,
die andere gießt sich unter die Schwelle des Hofes.

Ungekannte Kraft und Zufriedenheit.

Herr Flodman zauberte. Eugénie strahlte.

Eine Insel erschufen sie und der Gärtner, im besten homerischen Sinne ein *locus amoenus*.

Es muss ihre unabhängigkeitsliebende Seele gefreut haben, etwas Eigenes entstehen zu sehen. Was kümmerten die Pflanzen Familienstand und Titel.

Aber wie jedes Idyll, wie jeder Sehnsuchtsort, zeichnete sich auch Fridhem durch die Beschränkung in Raum und Zeit aus. Viel zu schnell wurden die Tage kürzer, und die Feuchtigkeit von See biss in den Lungen der Prinzessin.

Heimgekehrt ins frostige Stockholm, schrieb sie dem Gärtner besorgte Herbstbriefe. Der gute Flodman aber schickte ihr zur Beruhigung die ersten einundzwanzig Walnüsse ihres jungen Baums.

Eine Tür klappert im Wind, oder es ist ein Bett, in dem ein Paar sich liebt.

Ein kurzer Stich.

Zum ersten Mal, seit ich nach Wintergotland komme, habe ich Sehnsucht nach etwas anderem. Nach dem Sommer. Nach den Farben und den Gerüchen. Nach dem Licht. Nach der Sanftheit. Nach der Liebe. Dem Streben, dem Wollen.

Ihre Musik blieb nicht unbemerkt.

Vielleicht auch nicht all das andere, was in der Luft lag, in den Tönen oder den Blicken, die sie einander nie zuwarfen; all das, was sie nicht sagen konnten. Vielleicht spürten es die anderen Pensionsgäste, die Wirtsfamilie, die Angestellten, Johannas Schwester und sogar Carls Frau. Und wahrscheinlich konnte keiner von ihnen benennen, was da so unvermittelt an sie rührte.

Bald saß jedenfalls der ein oder andere zufällig im Speisezimmer; die Spülfrau auf dem alten Melkschemel hinter der Tür; ein Kind auf der Treppe, das Kinn auf die braunen Knie gestützt.

Sie lauschten dem unwahrscheinlichen Paar.

Dieser besonnene Mann mit braunen Hosen und riesigen Händen. Diese quirlige Frau mit dem eigenwilligen Gemüt.

Der Musik bedeuteten die Unterschiede nichts.

Carl zeigte Johanna ein Notenblatt.

Es muss *Uti vår hage* gewesen sein, eines der schönsten schwedischen Volkslieder, etwas anderes kann ich mir nicht vorstellen.

Er summte fragend die Melodie. Sie nickte. Das Stück kannte sie.

Zunächst sang sie allein. Worte wie Papierflieger.

Blaubeeren wachsen am Walde vorm Haus.
Komm, Herzensfreud!
Magst du mich treffen, so komm dort hinaus!

Dann setzte er ein.

Kom liljor och aquileja, kom rosor och saliveja
Komm ljuva krusmynta,
komm hjärtans fröjd.

Und während sie abwechselnd sangen, wurden ihre Stimmen gläsern, ja so durchscheinend, dass sogar das Meer für einen Moment den Atem anhielt.

Später fand sie ihn im Park.

Er ging um einen Baum herum und sammelte ein paar herabgewehte Früchte auf, grün, dick, pflaumengroß.

Valnöt, sagte er, nahm ihre Hand und legte eine Frucht hinein.

Walnuss?, sagte Johanna.

Er nickte.

Ihre schmale Hand in seiner großen, schweren. Zum ersten Mal.

Schweigend standen sie nebeneinander und schauten hinauf ins Grün der ausladenden Krone. Dann begannen ihre Finger leise miteinander zu sprechen, sagten einander, was wichtig war. Die unreife Frucht dazwischen. Sie störte nicht.

Prinzessin Eugénie sehnte sich nach einer nahen Seele, nach einem Geist, der sich mit ihrem ganz still vereinte, in den kleinen, in den wichtigen Dingen. Doch sie fand ihn nie. Sie blieb ledig. Sie blieb kinderlos.

Das hielt sie jedoch nicht davon ab, zu teilen, was sie zu teilen hatte. Vor allem mit den Menschen auf Gotland. Den Kindern.

War nicht noch Platz rund um Fridhem?

Ein Kinderheim ließe sich doch noch einrichten, was meinen Sie, Flodman? Wie wäre es, wenn wir es Fridtorp nennen? Ein Haus für Jungen, eins für Mädchen?

Da saß sie dann schon im nächsten Jahr mit ihren großen dunklen Augen inmitten der Kleinen, erzählte Geschichten von Jesus, dem besten Freund der Kinder, und verlegte kurzerhand Weihnachten auf Mittsommer, damit sie mit allen gemeinsam feiern konnte. Eine Birke wurde festlich geschmückt. Dann gab es Geschenke.

Und die Fischer an der gotländischen Westküste? Sie arbeiteten unter unwürdigen Bedingungen! Sie brauchten Hilfe.

Und die Stadtmission.

Und das Armenhaus.

Die Kronjuwelen ihrer Großmutter Königin Désirée brachten gute Erlöse, die Eugénies Wohltätigkeit finanzierten.

Nichts geschah unbedacht, und nichts geschah, ohne dass die Prinzessin selbst Hand anlegte.

Für sich selbst beanspruchte sie wenig. Sie hatte bekommen, was sie wollte. Unabhängigkeit und mild gestimmte Luft.

Ein Räuspern.

Ich schrecke hoch. Ertappt.

Im Sessel gegenüber sitzt meine Schwiegermutter. Die Füße hochgelegt und in der Hand, wie in den letzten Jahren meistens, Annemarie Selinkos Buch *Désirée*.

Hast du das mal gelesen?, fragt sie. Das ist eine wirklich beeindruckende Geschichte, eine beeindruckende Frau, diese Schwedenkönigin. Sie war sogar kurz mal mit Napoleon verlobt, wusstest du das?

Nein, gestehe ich und fühle mich schlecht, weil sie mich das schon häufig gefragt hat und ich es nicht mal schaffe, dieses eine Buch zu lesen, das sie so liebt.

Verrückt, dass ich jetzt hier bin, sage ich. Im Haus ihrer Enkelin. Wie findest du das?

Na ja. Sie hätte den Schmuck nicht verkaufen dürfen, sagt meine Schwiegermutter. So was tut man nicht.

Als Johanna und ihre Schwester nach drei Wochen im Taxi zum Hafen fuhren, lag eine Würze von Herbst in der Luft. Es war ein stürmischer Tag. Dem Anlass angemessen. Auf der Fähre standen sie am Heck und schauten zu, wie die Insel langsam im Meer versank.

Fünf Tage später, es war ein Dienstag, klingelte in Johannas kleiner Münsteraner Wohnung das Telefon.

Hallo?, sagte sie.

Das ist Carl, sagte Carl.

Carl!

Johanna vernahm den vertrauten Atem. Drückte den Hörer ans Ohr. Horchte.

Carl, wiederholte sie irgendwann.

Ja?

Ich vermisse dich.

Stille, Rauschen, Atmen.

Jag älsker dig, sagte er, was sie natürlich verstand.

Im folgenden September, Oktober, November, Dezember, Januar, Februar, März und April rief Carl jeden Dienstag an. Sie telefonierten nie lange, sprachen nur wenige Worte, deren Klang mehr als deren Inhalt darüber verriet, was sie sagen wollten. Dann schwiegen und atmeten sie eine Weile gemeinsam, und manchmal summte Johanna.

Im Mai buchte sie in Fridhem ein Zimmer.

Im Juni liebten sie sich diskret und heimlich weiter, von Angesicht zu Angesicht, in den Liedern und in Johannas hellblaum Zimmer.

Ab Juli wieder voll stiller Sehnsucht am Telefon.

Es war eine Liebe außerhalb der Norm, außerhalb aller Alltage. Außerhalb der Zeit.

Die Welt um sie herum veränderte sich rapide, das Jahrtausend schlitterte dem Ende entgegen, in Schweden wuchsen zwei neue Prinzessinnen heran, die eine als Thronfolgerin – doch Johanna fuhr jeden Sommer nach Fridhem, und Carl rief weiterhin jeden Dienstag an.

Carl wurde Großvater.

Er rief an.

Johannas Schwester starb.

Carl rief an.

Über viele Jahre ging das so, und niemand verlor ein Wort darüber, aber irgendwann, eines Dienstags, blieb das Telefon stumm.

Johanna sah auf die Uhr. Ging in die Küche und kochte sich einen Tee. Sie sah noch einmal auf die Uhr und schwankte kurz. Dann setzte sie sich auf einen Küchenstuhl und schaute den Wolken zu, den sich ändernden Stimmungen. Den Schatten und einer Taube auf dem Balkon, der Müllabfuhr. Der Tee wurde kalt. Der Abend brach herein. Als es vollkommen dunkel war, erhob sie sich. Ohne Licht zu machen, ging sie ins Schlafzimmer. Zog ihre Sachen aus und legte sich nackt aufs Bett. Unbarmherzig schoben sich die Schatten zu ihr ins Zimmer, auf ihre Seele und auf ihre Lunge. Sie lauschte in den erwachenden Tag, vernahm ein neues, unwiderrufliches Schweigen und musste husten.

Johanna kam nie wieder nach Fridhem. Doch zwei Jahre später fuhr sie noch ein letztes Mal nach Gotland und pflanzte einen Walnussbaum an Carls Grab.

Eugénie starb still im Stockholmer Schloss, am Vorabend ihres neunundfünfzigsten Geburtstags.

Ich glaube, sie träumte einen letzten Traum, träumte, dass sie barfuß durch die Säle in ihrem Schloss lief, die Türen aufwarf und in immer hellere, wärmere Räume vorstieß. Dass sie langsam begann zu schweben.

Ich reibe mir die Augen. Die Müdigkeit hat sich bis in die Lider vorgekämpft. Meine Zehen sind eiskalt.

Wahrscheinlich wäre Eugénie erfreut darüber, dass Fridhems Pensionat das geblieben ist, was sie darin gesehen hatte: ein Ort, an dem Menschen für eine Weile aus der Zeit fallen können. Zueinanderfinden. Genesen.

Geh träumen, sagt die Stille. Es ist Zeit.

Als ich unter die gestärkten Laken in meinem blauen Zimmer krieche, spüre ich ein Kratzen im Hals. Hoffentlich bekomme ich nicht auch eine Lungenentzündung, denke ich, während mir der Schlaf langsam ins Gehirn schleicht. Im Wegdämmern frage ich mich noch, ob es in der Ostsee eigentlich Austern gibt.

Egal.

Alles, was ich schreibe, ist wahr.

»Es bedarf kontinuierlichen, aktiven Wegschauens von bedeutenden Teilen des Gegenwärtigen, um einen Ort dauerhaft als ›abgeschieden‹ wahrnehmen zu können«, lese ich bei Owe Ronström.

Es gelingt mir nicht.

Es gelingt mir nicht, einfach hier zu sein und still meine selbst gewählte Verlorenheit zu pflegen. Meine Distanz zu wahren, meinen Beobachterposten.

Mit jedem Tag, der vergeht, bröckelt der Putz von der Fassade des hübschen insularen Schriftstellerdaseins in Abgeschiedenheit und legt ein lebenswichtiges Adergeflecht aus Beziehungen, Verbindungen und Bedeutungen frei. Und mit jedem Wort, das ich hier spreche, und mehr noch mit jedem Wort, das ich hier schreibe, verbinde ich mich damit.

9 »Es sind nicht immer die Schiffbrüchigen, die Zuflucht auf einer Insel suchen«, schreibt Ingeborg Bachmann. Nein. Es sind auch die Mutigen. Die Kreativen. Die Unabhängigen. Die Querköpfe.

Die Insel nimmt sie alle auf, vorbehaltlos. Sie ist es von jeher gewohnt, überspült zu werden mit Neuem, mit Fremdem. Es macht ihr nichts aus.

Sie fragt nicht: Woher kommst du? Sie fragt nicht: Was machst du? Sie fragt nur: Gehst du wieder, oder bleibst du?

Ich bleibe!, möchte man rufen. *Ich* bleibe.

Weil man wie viele andere Inselbesucher von diesem Leben träumt. Man träumt diesen Traum groß und bunt und romantisch. Man träumt ihn wild und mutig. Nicht wahr?

Man braucht ja nicht viel. Ein kleines Häuschen in der Stadt, ein alter Hof auf dem Land. Der Garten dahinter, mit den Apfelbäumen. Vielleicht auch ein paar Schafe. Oder ein Bienenvolk. Ein bisschen Renovieren. Das ließe sich doch machen, mit dem, was man auf der Kante hat.

Man träumt das und ist sich sicher. Da ist diese Möglichkeit eines anderen Lebens, eines Neuanfangs, klar wie der Nachthimmel. Man schaut im Vorbeifahren nach Grundstücken und bleibt vor den Schaufenstern der Makler stehen. Man schreibt sich sogar eine Nummer auf. Rechnet einen Preis aus, Raten und Zinsen. Rechnet die Machbarkeit aus. So realistisch träumt man. Nicht wahr?

Man träumt das, während man von Visby nach Hablingbo fährt, immer die Küste entlang nach Süden, Arm in Arm mit dem Meer zur Rechten, wie mit der Braut auf dem Weg zum Altar. Ein wogendes Gewand mit schäumenden Säumen, die viel versprechen, noch mehr verbergen. Diese Braut will man heiraten. Wird man heiraten.

Und dann?

Dann sind die Ferien vorüber.

Dann fährt man heim.

Oder man bleibt. Schreibt ein Kapitel Inselgeschichte, wird eine Stimme im Chor, ein Knoten im Beziehungsnetz. Wie Prinzessin Eugénie. Wie Kuten. Wie Bergman zum Beispiel.

Wie Hanne, die sich in Visby eine kleine Goldschmiede einrichtete.

Wie Inger und Jarl, die ein Ärzteleben lang durch die Welt reisten und schließlich im Visbyer Krankenhaus eine Heimat fanden.

Wie Marit, die einfach ihrem Bauchgefühl folgte.

Wie Kirsi, die an ihrer Kasse für jeden ein freundliches Wort hat, egal, wie lang die Schlange ist, egal, wie lange es dauert.

Wie Vasilis, in dessen Lokal die wildesten Feste gefeiert werden.

Oder wie Lauri, der nach Hablingbo kam und allen das Unmögliche beweisen wollte.

Er kam als Sommerbesucher, irgendwann in den Achtzigern, und kurz darauf begann auch er zu träumen, sehr konkret, in einer kalten Stockholmer Nacht in seiner Wohnung, während seine Töchter nebenan schliefen und seine Frau dicht bei ihm, da träumte er von einem Weinberg auf Gotland (obwohl man gerade erst das Ozonloch entdeckt hatte und von Klimawandel noch wenig wusste), sah im Schlaf die Reben vor sich und die Aussicht und die roten Trauben.

Rotwein. Auf 57° 28' Nord. Das geht nie im Leben! Du musst ein Winzer mit dem Teufel im Leib und Wein im Blut sein. Oder wahrhaft verrückt. Niemand sonst würde das wagen, rief 1996 ihm entgegen.

Das war Ansporn genug.

Zwanzig Jahre später hat er allen bewiesen, dass es geht. Hat 3,5 Hektar Weinberge und eine Schnapsbrennerei, hat Preise gewonnen und Auszeichnungen erhalten. Er gilt als Pionier des gotländischen Weinbaus. *Gutevin.* So steht es auf einem Schild an dem großen Backsteinhof kurz hinter der Ortseinfahrt nach Hablingbo.

Alles dunkel. So ruhig hatte ich es mir nicht vorgestellt. Ich schaue in die Dämmerung im Rückspiegel, entdecke darin mich selbst, meinen skeptischen Blick. Erfüllte Träume? Wahr gewordene Wünsche? Das können ja nur Erfolgsgeschichten sein – sonst entzaubern sie sich selbst, zerstören in der Begegnung mit der Realität ihre Magie.

Darum sind Erfolgsgeschichten meist langweilig. Schöngefärbte Märchen, versehen mit ein paar pittoresken Hürden und Widerständen auf dem Weg zum Gelingen: ein Traum, ein Plan. Dann Zweifel, Zögern, Zaudern, dennoch dran glauben und glücklich werden. Tausendfach haben wir das im Fernsehen gesehen, in Büchern gelesen. Es sind diese Geschichten, die uns im Träumen bestätigen, im Festhalten am Traum von der Verwirklichung des Traums. Aber langweilig sind sie dennoch. Mich interessiert nicht Lauris Erfolg, mich interessiert der Wein. Die Herausforderungen. Die Möglichkeiten.

Ein Licht geht an. Hinter mir öffnet sich eine Tür. Ich steige aus, hinaus in die Eiseskälte. Gehe dem Mann entgegen, der mir zunickt.

Ich bin ein bisschen verrückt, sagt Lauri zur Begrüßung.

Das glaube ich gern, sage ich lachend. Und du musst den Wein sehr lieben ...

Er schnieft.

Ehrlich gesagt fängt er an, mich zu langweilen, sagt er ohne Umschweife. Ich will verkaufen.

Bäm.

Ein rechter Haken aus dem Nichts. Er trifft mich unvermutet, unaufgewärmt. Ich muss schlucken. Ich kenne das Winzerleben sehr genau. Und viele Winzer. Kenne den Blick, wenn sie ihre Nase ins Glas halten, auch den Blick, wenn sie durch die Rebzeilen gehen und die Finger durch die Blätter streifen lassen; den Blick an den Himmel, den Blick in die Kelter und in die Tanks und den Blick in die Gesichter derer, die den ersten Schluck probieren. Darin liegt viel Hingabe. Auch Spannung, Sorge, Erschöpfung, Ermüdung und Verzweiflung sind dabei. Aber von Langeweile habe ich noch nie gehört.

Ich verkrieche mich in meine Jacke. Ziehe schildkrötig den Kopf ein, die Schultern hoch, vergrabe das Kinn im

Schal und weiß nicht, was ich sagen soll. Keine der Sprachen, die ich zur Verfügung habe, passt.

Jaså?, bringe ich hervor. Ach?

Komm doch rein, sagt er, zieht seine Mütze in die Stirn und bittet mich in seine Abfüllhalle.

Es riecht wie zu Hause. Nach Herbst und frischen Brötchen, nach Rückenschmerzen, nach zotigen Sprüchen, nach feuchtem Schiefer und wilden Zwiebeln unter den Schuhen.

Es sieht aus wie zu Hause. Modernste Geräte und Maschinen. Die Firmennamen darauf sind deutsche Bekannte. Stahltanks. Schläuche und Kompressoren. Filter. Ein glänzender Maischegärtank.

Das ist ein Topbetrieb.

Kannst du alles haben, sagt Lauri und lacht.

Der Aufwand. Das Geld. Die Arbeit, die hier drinsteckt. Ich ringe nach Worten.

Warum willst du das alles aufgeben?, frage ich, ziehe die Nase hoch. Jetzt, wo es so gut läuft?

Schulterzucken.

Was ich mache, mache ich mit Leidenschaft – aber die hält meistens nur so lange an, wie ich noch Neues entdecken kann. So ist es auch mit dem Wein. Ich wusste nichts darüber und habe mir über Jahre alles mühsam angeeignet. Habe ausprobiert. Gelernt. Verbessert. Jetzt weiß ich Bescheid, und es ist nur noch wirklich harte Arbeit. Die macht mir Spaß, aber die Materie langweilt mich langsam. Nach achtzehn Jahren. So lange habe ich es, außer mit meiner Frau, noch mit keiner Leidenschaft ausgehalten.

Damit habe ich nicht gerechnet. Nicht mit dieser Art der

Traumerfüllung. Nicht mit der Nüchternheit, mit der er sein Engagement betrachtet. Und nicht mit der Fröhlichkeit, mit der er sich davon verabschiedet.

Ich sage doch, ich bin ein bisschen verrückt, sagt Lauri.

Ver*rückt*. Aus der normativen Achse geraten.

Ja. Wenn es nach der Mehrheit ginge, nach jenen, die glauben, sie wüssten, was normal ist, gälte Lauri vielleicht als verrückt. Dabei ist er in diesem Moment gerader als alle anderen.

Ihn treibt nur eben eine andere Liebe, denke ich. Die Liebe zum Ziel, die Liebe zum Kunstwerk, zum Wissen, zum Beweis. Aber nicht die Liebe zum Wein.

Routiniert spricht er weiter über die Dinge, über die er seit fast zwanzig Jahren spricht. Ich könnte auf vieles etwas erwidern. Von der letzten Ernte vor knapp einem Monat erzählen. Von Lagen, Trauben und Mostgewichten. Doch ich nicke und friere nur. Es interessiert ihn nicht. Lauri ist schon abgereist. Bis in die Tiefen der inneren und äußeren Schaltkreise versunken in einem neuen Projekt.

Wirst du von hier weggehen?, frage ich. Von Gotland?

Nein, sagt er. Warum sollte ich? Ich werde hierbleiben und Hi-Fi-Lautsprecher bauen. Die besten.

Und das kannst du?

Klar, sagt er. Irgendwann. So ist das mit Autodidakten. Sie machen die Dinge anders als es im Lehrbuch steht und darum oft bessere Fehler.

Lauri ist gekommen, um zu bleiben. Nur sein Traum ist jetzt ein anderer.

Sein Händedruck zum Abschied ist warm und kräftig. Wie sein Lachen. Sein Glaube an die Zukunft.

Wenn du mal in Deutschland bist, komm uns auf dem Weingut besuchen, sage ich beim Einsteigen ins Auto.

Ach, weißt du, sagt er aufrichtig, das ist nett, aber damit bin ich durch.

Bis Klintehamn schlottern mir auf der Rückfahrt die Knie vor Kälte. Die Heizung läuft auf Hochtouren, und meine Gedanken auch.

Kuten und Bergman und die anderen Zugereisten fallen mir ein.

Was weiß ich von den Träumen, die sie herbrachten? Von ihren Beweggründen? Zielen? Nichts. Was weiß ich von ihrem Glück, ihrer Zufriedenheit? Nichts.

Aber wie die Klappersteine, die Rauken, die Kirchen und Rosen, wie die Kargheit und der hohe Himmel prägen sie die Insel.

Sie sind die Nase im Gesicht.

Ich träume von einer heißen Schokolade, etwas tröstender Wärme, folge dem Schild *Centrum* und schleiche in Schrittgeschwindigkeit die Hauptstraße entlang. Friseur, Kebap-Bude, Fitnessstudio und Schuhgeschäft. Das Rote Kreuz lädt in den Secondhandladen ein, zu *Fika och Prat*. Kaffee und Tratsch? Danach ist mir nicht.

Eine Bäckerei! Es gibt Kakao, Zimtschnecken und ein freundliches Sofa. Ich bin die einzige Kundin, die letzte für diesen Tag. Es geht auf sechs Uhr. Zahle, setze mich hin. Der junge Bäckersmann mit dem Hipsterbart verschwindet im Hinterzimmer und taucht nicht wieder auf.

Ob er bleibt, hier, in Klintehamn, auf Gotland?

Langsam spüre ich meine Füße, meine Finger wieder,

die Muskeln lassen locker. Der Kakao ist viel zu schnell aus-
getrunken. Einen Moment bleibe ich noch sitzen; draußen
schiebt eine junge Frau einen Kinderwagen vorbei, sieht herein, sieht mich an, verwundert, dass ich ihr zulächle. Als
sie weg ist, stelle ich mein Geschirr auf den Tresen und rufe
in die Stille: *Hejdå.*

Insel heißt auf Schwedisch »Ö«.

So klein und rund, ist der Buchstabe schon die Insel selbst; als Eiland in der Buchstabensuppe trotzt es den Stürmen, die die Worte verursachen, doch es wird begleitet von zwei kleinen vorgelagerten Punkten, die aus der Insel mehr machen. Sie bilden eine Gemeinschaft mit dem großen Nachbarn.

Auch Gotland ist nicht allein. Es hat die Inselchen Fårö, Gotska Sandön, Stora Karlsö, Lilla Karlsö und zahlreiche kleine Holmen an seiner Seite, die ihm Gesellschaft leisten, und nicht weit entfernt wartet schon Öland.

Gemeinsam sind sie ein Archipel. Hängen zusammen wie Worte in einem Satz und erhalten ihre Bedeutung vom Wasser, das sie umgibt.

Ist nicht, wenn man den Blick ein wenig verändert und ein Stück zurücktritt von der dominanten Festlandperspektive, genau genommen alles Land Insel? Die Kontinente?

Ist nicht die Welt ein Meer aus Inseln?

Und die Erde selbst ein »Inselchen im Äthermeer« mit unendlich vielen Nachbarn.

No island is an island.

Es ist ein ungewohnter und schöner Gedanke, dass Inseln vielleicht nur einsam sind, weil wir sie uns immer so gedacht haben.

Bis jetzt.

10 Die Stundenglocke schlägt.
Hell klingt sie an, berührt im Fluge die Zeit und ruft geduldig, ohne Eile, die Gegenwart aus. Jeder Ton gleich lang, gleich laut. Entsteht. Vergeht.

Ich nehme die Finger von der Tastatur und schaue Sankta Maria in die Augen.

Unmittelbar vor meinem Fenster ragen, wie die Aufbauten eines Ozeanriesen, die östlichen Türme der Visbyer Domkirche auf. Weiß leuchtend und mächtig steht sie unterhalb von Klinten, als hätte sie im Windschatten der Oberstadt einen sicheren Hafen gefunden und für immer am Fuß des Berges festgemacht.

Ich mag ihre Nähe, ihre Größe, ihre Farben.

So oft und so ausdauernd wandert mein Blick über die Kalksteinfassade, dass ich längst nicht mehr die steingewordene Demonstration von göttlicher Allmacht und weltlichem Reichtum sehe, sondern zwei Schwäne, ein Schiff, einen Eisberg, eine Braut.

Meine Freundin.

Durch die hohen Fensterscharten im südöstlichen Turm kann ich das Meer glitzern sehen.

Von dort kommt der Glockenklang.

Ich weiß es. War schon da oben im Turm und habe während des zugigen Aufstiegs zum Glockenspiel herübergeschaut, in mein Fenster. Sah mich selbst hier sitzen und schreiben und hinübersehen. Ich winkte.

Die Schläge tönen weit über die Stadt. Suchen sich ihren Weg in die Köpfe, die Sorgen, die Streite, Küsse, die Lügen und Wahrheiten. Und jeder, den es betrifft, horcht auf.

So klingt Visby.

Das ist seine mächtige Stimme.

Und sie hat noch viel mehr zu verkünden als nur die Uhrzeit. Sie spricht für Offenheit und Toleranz, wenn Gastkomponisten aus anderen Kulturen das Carillon von Sankta Maria bespielen. Sie erhebt sich gegen Extremismus, übertönt rechte Parolen.

Auf Gotland (*Gottlannd*, wie die Schweden sagen, mit kurzem o und fast verstummtem d, als wäre der Name allein schon Huldigung für diesen einen christlichen Gott, der hier seit dem frühen Mittelalter, seit seine nordisch-heidnischen Verwandten aus den Köpfen und von der Insel vertrieben werden sollten, so viele Häuser hat, dass er kaum wissen wird, in welchem er wohnen soll – doch das ist eine andere Geschichte) gibt es über zweihundert Glocken.

Sie haben das Dekret von Frederik I. von Dänemark überstanden, der 1526 verfügte, dass keine Kirche mehr als eine Glocke haben durfte. Die übrigen mussten sich dem Feuer beugen und als Kanonen weiterdonnern.

Die älteste unter ihnen, in Gerum, versieht seit achthundert Wintern heiser ihren Dienst. Andere flüstern, brummen, trällern und scheppern.

Jede auf ihre ganz eigene Art verkünden sie unermüdlich Ankunft und Abschied, Freude und Leid und begleiten die Menschen vom ersten bis zum letzten Tag durchs Leben. Die eine hart, die andere zart, aber stets unverkennbar.

Die Stimmen der Dörfer.

Tief in die Pfade der Erinnerung eingeschrieben, ist ihr Klang Teil der Identität, lange bevor die Sprache es wird.

Zwischen Sankta Marias ruhigen Schlägen vernehme ich plötzlich ein Läuten aus einer anderen Zeit.

Erst eine große Glocke, warm und volltönend; dann stimmen zwei kleinere ein. Es dauert einen Moment, bis sie ihren Rhythmus haben, bis der Schwung der Körper und der Klöppel sich finden, und dann rufen sie in einem sauberen, absteigenden Dur-Dreiklang ihren mir so vertrauten Refrain:

Al-ter Pundt. Al-ter Pundt.

Ich höre es ganz deutlich: Das Läuten aus den Fünfzigerjahren, als meine Großmutter, von Hamburg nach Südwestfalen verpflanzt, vor Heimweh zerfließt und zum ersten Mal die Glocken ihrer neuen Heimat hört, die, so kommt es ihr vor, allein für sie nach ihrem Vater, dem Alten Pundt, rufen, den sie sehr vermisst.

Aus den Sechzigerjahren, als mein Vater, frisch nach Südafrika ausgewandert, im Weihnachtspäckchen neben Kemm'schen Kuchen und einem gepressten Kleeblatt (vierblättrig) ein Tonband findet, von dem die Stimme seiner Mutter winterlich sagt: Damit du uns nicht vergisst in *old rotten Germany*, min Jung, kommt hier der Alte Pundt! Und dann scheppern die heimischen Glocken.

Aus den Achtzigerjahren, als mein Bruder zum Schüler-austausch nach Colorado geht und der Alte Pundt, ein biss-chen klarer als vor fünfundzwanzig Jahren, jetzt von der BASF CR-E II 60 Kassette, die unsere Eltern für ihn auf-genommen haben, zu ihm in die amerikanische Kleinstadt schallt.

Aus den Neunzigerjahren, als ich nach Norwegen zog und, nein, keine CD erhalte, sondern eine Kurzgeschichte meines Vaters im Briefkasten finde, die den Titel »Der Alte Pundt« trägt.

Die klanggewordene, wortgewordene Sehnsucht nach Zugehörigkeit und Geborgenheit, über Generationen so theatralisch weitergereicht wie das olympische Feuer.

Al-ter Pundt.

So klingt mein Zuhause.

Ich reibe mir die Augen und wundere mich, wie in fast allem, was ich über Gotland schreibe, ein Oberton meiner ältesten Bilder und Begriffe mitschwingt. Wie im Text et-was anklingt, das ich nicht erwartet habe.

Wie lange sitze ich schon hier?

Ich habe die Glockenschläge nicht gezählt, habe die Zeit und mich in Gedanken verloren.

Wie lange dauert ein Gedanke? Länger als ein Traum oder eine Erinnerung?

Sankta Maria läutet entschieden weiter.

Erzählt jedem die Geschichte, die er hören soll.

Mir erzählt sie von einem »sehr großen Konzert«.

Am Anfang ist es nur eine Spinnerei. Eine Schnapsidee, aber eine verlockende, eine, die am nächsten Morgen auch

noch da und nach einer Woche nicht kleiner, sondern größer geworden ist.

Die Vorstellung lässt den Mann namens Owe Ronström,
Ethnologe und Musiker, nicht mehr los.

Er spricht mit einer Freundin. Mit dem Organisten der
Domkirche. Mit einem Toningenieur.

Crazy, sagen sie. Aber vielleicht machbar.

Owe denkt nach. Er steigt in sein Auto und fährt ein bisschen über die Insel. Er hält an der nächsten Kirche an und
geht hinein, wahrscheinlich will er sie schon lange einmal
anschauen.

Wie schön sie ist, wie alt und wie zeitlos. Und dies ist nur
eine von insgesamt zweiundneunzig aktiven Landkirchen
auf Gotland.

Er setzt sich in eine Bank und wartet bis zur vollen Stunde. Als die Glocke schlägt, grinst er in sich hinein. Er weiß,
seine Schnapsidee hat Potenzial.

Drei Jahre später ist es so weit.

Es ist der 8. Juni 2013. Die Luft ist noch kühl, doch man
kann schon den Sommer riechen.

Inselweit unterbrechen die Leute um kurz vor elf Uhr am
Vormittag ihr Tun, um das Radio einzuschalten. Sie suchen
P2 auf der Skala, selbst die, die seit dreißig Jahren nicht am
Senderknopf ihres Küchenradios gedreht haben, weil es auf
der eingestellten Frequenz verlässlich die richtigen Lieder
spielt, suchen nach Sveriges Radio.

Sie wollen ihre Insel hören. Wollen wissen, wie sie klingt,
wenn sich alle ihre Stimmen in einem gewaltigen Chor ver-
einen, wenn sie eins werden: Ausdruck für das, was Got-

land im Innersten ausmacht und zusammenhält. Wollen wissen, wie es klingt, wenn dieser kleine Ort inmitten der Ostsee mit geballter Kraft in die Welt ruft und sich ihr zeigt.

Die Ansage kommt:

Und jetzt hören Sie »*Klockrent* – Ein sehr großes Konzert«. Eine Komposition für zweihundert Glocken von Karin Rehnqvist, Claes Holmgren und Owe Ronström. Wir übertragen live und direkt aus den Kirchen Gotlands.

Die Hörer halten die Luft an.

Owe hält die Luft an.

Karin und Claes und Eva, Björn und Bjerne ebenfalls. So viel Zeit und Arbeit haben sie in diesen Augenblick investiert: jede Glocke einzeln abgehört und tonhöhenbestimmt, die ungewöhnlichste Partitur geschrieben, die man sich vorstellen kann, technische Probleme überwunden, von denen keiner ahnte, dass es sie gab. Und sie haben Menschen aus allen Dörfern zusammengeholt und ihnen ihre Insel wiedergeschenkt.

Auch die Helfer vor den Kirchen und mehr noch die Glöckner in den Türmen halten die Luft an.

Alle schauen gebannt auf die Zeitanzeige auf ihren Mobiltelefonen – Satellitenzeit ist eingestellt, damit keiner seinen Einsatz verpasst. Die Sekunden laufen. Aus 10.59 wird 11.00.

Und es geht los.

Die Glocke von Hörsne macht den Anfang.

In dem gedrungenen Kirchturm, der kaum höher ist als das Dach des Langhauses, zieht jemand pünktlich auf die Sekunde am Seil.

Ein Weckruf. Sechs einsame Schläge, klar und sauber.

Geläutet in dem bebenden Bewusstsein, dass jetzt nicht nur ganz Gotland, nicht nur ganz Schweden, sondern die ganze Welt Hörsnes Stimme hören kann – denn draußen, auf dem Kirchhof, steht, wie auf allen Kirchhöfen von Fårö bis Sundre, ein Mann oder eine Frau und hält nervös ein Smartphone in die Luft, um die Schallwellen einzufangen, wie sie aus dem Kirchturm dringen, und sie mittels einer eigens für diesen Anlass entwickelten App ans *Radiohus* zu übertragen, von wo aus sie unmittelbar in den Frequenzbereich gejagt werden, den man in Schweden und über die European Broadcasting Union auch in Europa und über das Internet weltweit empfangen kann.

Hörsne läutet.

Nach zwanzig Sekunden übernimmt kaum acht Kilometer nördlich das Team in der bizarr geformten Kirche von Källunge (sie sollte groß werden, prächtig, doch die Pest kam dazwischen, und so steht sie seit sechshundert Jahren unfertig da und wirkt auf unglückliche Weise wie ein Ballmädchen, dessen Verabredung abgesagt hat, als sie schon halb angezogen war).

Läuten, senden. Es klappt.

Die Glocke klingt im reinen A, ein wenig höher als Hörsne.

Kurz sind sie zu zweit:

Sind Empfangsdamen am Eingang eines großen Konzerthauses, die ihre herandrängenden Freunde hereinbitten, kommt, kommt, nur herein mit euch, gleich durchgehen, bitte.

Und jetzt betritt Kräklingbos Glocke zögernd die Bühne und stimmt, ein wenig eingeschüchtert von der schieren Größe, vorsichtig ihren Ton an.

Auch dort starrt in diesem Moment ein Glöckner auf die Uhr, schielt ein Helfer aufs Telefon, überprüft zum hundertsten Mal, ob das Netz stabil ist. Dann beginnt die Glocke zu erzählen, von dem großen Feuer, als damals der Foler-Hof abbrannte, und von den Menschen aus der Gemeinde, von einem wie Hans-Erik zum Beispiel, der möglicherweise gerade das Handy hält und vor der Kirche steht, in der er getauft, konfirmiert und mit rosa Blume im Knopfloch verheiratet wurde, der den Ton seiner Glocke aufnimmt, die vermutlich auch schon seine Eltern und Großeltern durchs Leben begleitet hat; vielleicht denkt er an die vielen Momente von Bedeutung hier in der Kirche von Kräklingbo, während er versucht, kein Geräusch zu machen, ja, am liebsten würde er sogar die vorüberzwitschernden Schwalben zur Ruhe ermahnen, die mit großem Vergnügen auf den Tönen um den Turm zu reiten scheinen.

So klingt Kräklingbo.

Bald sind sie zu viert. In gegenläufigen Rhythmen, unterschiedlichen Höhen und Tiefen, die einen schneller, die anderen langsamer, schlagen die Glocken, dann verstummen die ersten, und neue kommen hinzu.

Nach drei Minuten haben die Kleinen ihren Auftritt.

Näs. Vibble. Hell und zart wie ein Kinderchor rufen sie. Dann die Strandkapelle in Kovik, die trotz ihrer Kleinheit eindrücklich von den Fischerwitwen berichtet, und von den Männern, die auf dem Meer geblieben sind.

Die Eltern kommen dazu, stattlich und vernehmbar, und sie klingen eine Weile durcheinander, wie bei einer Schulaufführung, bis eine Alte das Wort ergreift: Mit brüchiger Stimme, etwas rau und müde, gibt die Glocke von Norrlanda ihr Solo und beendet den ersten Satz.

Das Carillon übernimmt.

Ganz oben in Sankta Marias südöstlichem Turm schwingen zunächst die kleinsten der fünfundvierzig Glocken, als wollten sie davonfliegen, wie an Ostern, wenn sie, wie man sich in katholischen Gegenden erzählt, die Reise nach Rom antreten. Triller und Läufe und schnelle Wechsel, auf die Möglichkeiten des Glockenspiels abgestimmt.

Ich sehe den Organisten vor mir, wie er dort oben in der kleinen Kammer mit den graugrün gestrichenen Wandpaneelen sitzt. Ein Raum, zweckmäßig wie ein Hinterzimmer, wenn das Instrument nicht wäre, die abgenutzten Holzgriffe, die, in zwei Etagen versetzt übereinander angeordnet, entfernt an eine Klaviatur in Weiß und Schwarz erinnern. Dahinter ziehen sich von den Griffen dünne Stahlseile nach oben wie die Kette einer Webstuhlbespannung. Jeder Griff ein Draht, jeder Draht ein Hammer, jeder Hammer eine Glocke, jede Glocke ein Ton. Jeder Ton der Ausdruck einer Kraft jenseits der Vernunft.

Es ist Musik.

Sechseinhalb Minuten gibt Claes Holmgren sein wohl speziellstes Konzert, und mich überkommt ein kurzer Anflug von Scham, als ich daran denke, wie ich dort oben am Carillon stand und mir in der Aufregung, die Domglocken läuten zu dürfen, nichts anderes auf diesem mächtigen Instrument zu spielen einfiel als *Tequila*.

Nach und nach stimmen die Dörfer wieder ein.

Guldrupe erzählt von kalten und dunklen Zeiten, als die

Pest die Menschen stahl – und von der Sauna, in der sich die Leute heute manchmal lieber treffen als in der Kirche; Stånga, betagt und erfahren, berichtet von der letzten Gotland-Olympiade, vom Baumstammwerfen und dem gotländischen Feldspiel Pärk; Etelhem lässt die Obertöne brummen wie einen Bienenschwarm, Hejnum kündet vom alten Hövding Ormika, der als erster Gotländer den christlichen Glauben annahm.

Dann machen sich Glöckner und Helfer langsam bereit für das große Tutti. Für die Dauer einer Minute werden alle Stimmen gleichzeitig erklingen. Zum ersten und einzigen Mal werden die Glocken Gotlands ein gewaltiges Instrument bilden und zusammen zu hören sein.

Owes Idee wird Wirklichkeit werden.

Jetzt.

Es scheint wie das Wüten, Dröhnen, Rufen der ganzen Welt, wie die Endzeit, aber es ist vielmehr eine Wiedergeburt oder ein Sicherheben.

Ein massives Konglomerat aus Klang und Größe kommt über den Äther, und die Menschen am Radio hören mit Gänsehaut dieses unfassbare Durcheinander an, das in Wahrheit gar kein Durcheinander ist, sondern der Zusammenklang aller Geschichten, die Gotland je zu berichten hatte. Aller Menschen, die die Insel bevölkert haben.

So klingt Gotland.

Als der Donner sich legt, hat die Glocke von Ganthem das letzte Wort in diesem sehr großen Konzert.

Sie sagt:

»No man is an island, entire of itself, every man is a piece of the continent, a part of the main [...]. Any man's death diminishes me, because I am involved in mankind, and therefore never send to know for whom the bell tolls; it tolls for thee.«

Die Domkirche schlägt mir ein weiteres Mal.

Ich ergebe mich dem Jetzt und denke nichts mehr. Sehe dem goldenen Wetterhahn zu, wie er auf der vorderen Kirchturmspitze unter seinem Stern tanzt und die beiden walähnlichen Ungeheuer auf den hinteren Türmen versuchen, mit ihm Takt zu halten. Leicht fällt es ihnen nicht.

Eine Möwe und ein paar Krähen werfen sich dicht an den Mauern in die Tiefe. Mit angelegten Flügeln stürzen sie herab, bis der Wind sie auffängt, als hingen sie an den unsichtbaren Fäden eines Mobiles. Es ist ein Spiel mit dem Sturm, oder fliehen sie vor den schwarzen Schatten auf der Kirchenwand, die, um ein Vielfaches größer als sie selbst, hinter ihnen herjagen?

Ich schreibe: *Es ist die Zeit der langen Schatten, Kleines wird jetzt groß.* Dann schließe ich die Augen. Warte, bis der letzte Schlag verklingt.

Anmerkungen

S. 35: *Ich habe es entgegen der Fahrtrichtung versucht* – Thor Sør-
heim. Nåden. In: Med zen i lomma, Hilt og Hansteen, 1996.
Deutsch von Anne von Canal

S. 36: *Das ist deine Landschaft* – Ingmar Bergman, Laterna Magica.
Berlin 2018. S. 247

S. 39: *Es war eine Verlängerung von ihm* – Linn Ullmann,
Die Unruhigen. München 2018. S. 268

S. 40: *die Landschaft, in der die Identität* – Rebecca Solnit,
Die Kunst, sich zu verlieren. München 2009. S. 126

S. 43: *Jede Landschaft, die uns zum Schicksal wird* – Jakob Wassermann, Tagebuch aus dem Winkel. Berlin 1987. S. 164

S. 43: *die Krone der Schöpfung* – Olle Hammerlund, Fårets gröna
öga. Till och Från, 2003. S. 44. Deutsch von Anne von Canal

S. 44: *Vielleicht ist es das, was wir ein Leben lang suchen* – Linn
Ullmann, a.a.O.

S. 49: *in das tiefe, dunkle Geheimnis* – D. H. Lawrence, Der Mann,
der Inseln liebte. Hamburg 2015. S. 19

S. 50: *eine Zuflucht vor den Sünden* – John Steinbeck, Die Reise mit
Charley. Wien 2002. S. 227

S. 51: *Selbstdisziplin, Sauberkeit, Licht und Stille* – Ingmar Bergman,
a.a.O. S. 46

S. 52: *ohne Geschichte zu sein* – Rebecca Solnit, The Faraway Nearby. New York 2013. S. 3. Deutsch von Anne von Canal

S. 53: *Selten hat das Thomas-Theorem besser gepasst* – Das Thomas-
Theorem nach Dorothy Swaine Thomas & William Isaac
Thomas: *If men define situations as real, they are real in their
consequences.*

137

S. 58: *nur Spiegelfläche des darauf projizierten* – Volkmar Billig, Inseln. Berlin 2010. S. 264

S. 58: *nicht die wirklichen Inseln* – John Gillis, Islands of the Mind – How the Human Imagination Created the Atlantic World. In: Journal for Island Studies, 2004. Deutsch von Anne von Canal

S. 80: *Ich glaube, dass wir mit dem Sportplatz* – Helmut Pauldrach, Tyska Soldater på Gotland 1945. S. 138 und 233. Deutsch von Anne von Canal

S. 86: *Wir sind auf uns selbst* – Olle Hammarlund a. a. O. S. 58

S. 91: *ein Schiff, das unter aller Heiligen* – Emilie Flygare-Carlén, Jungfrutornet, 1848. Deutsch von Anne von Canal

S. 91: *ungefähr um 10 Uhr* – Louise Hellstrand, Jacobsberg-Lustträd-gård och bergravningsplats, 2013. S. 23

S. 93: *schwebenden Melancholie eines immer schon vergangenen* – Volkmar Billig, a. a. O. S. 51

S. 105: *Allda streben die Bäume* – Homer, Alkinoos' Garten. In: Odyssee

S. 113: *Es bedarf kontinuierlichen, aktiven Wegschauens* – Owe Ronström, Öar och öighet. Stockholm 2016. S. 239. Deutsch von Anne von Canal

S. 114: *Es sind nicht immer die Schiffbrüchigen* – Ingeborg Bachmann, Die Zikaden. Hörspiel. 1954

S. 122: *Inselchen im Äthermeer* – Ernst Jünger, Sämtliche Werke, Stuttgart 1982, Bd. 6, S. 327

S. 134: *No man is an island, entire of itself* – John Donne, Meditation XVII, No Man Is an Island

Literatur

Berger, John: Hier, wo wir uns begegnen. München 2006

Bergman, Ingmar: Laterna Magica. Mein Leben. Berlin 2018

Billig, Volkmar: Inseln. Geschichte einer Faszination. Berlin 2010

Blomberg, Kerstin: Fårö – vår hemö. Visby 1994

Brecht, Bertolt: Trommeln in der Nacht. In: ders., Gesammelte
Werke. I. Stücke. Frankfurt am Main 1967

Chatwin, Bruce: In Patagonien. Reinbek bei Hamburg 1981

Donne, John: Meditation XVII. In: Devotions Upon Emergent
Occasions, Together with Death's Duel. Project Gutenberg 2007.

Falk/Almgren: Gotland för små och stora. Visby 2008

Dies.: Visby för små och stora. Visby 2013

Forsberg, Bo: Visby bakom knuten. Visby 1983, Stockholm 1929

Gillis, John: Islands of the Mind. How the Human Imagination
Created the Atlantic World. Journal for Island Studies. Char-
lettetown 2004

Hammarlund, Olle: Fårets gröna öga. Stockholm 2003

Hellstrand, Louise: Jacobsberg – Lustträdgård och begravnings-
plats. Magisterarbeit an der Södertörns Högskola, 2013

Hultqvist, Margareta: Fårö – Människorna på ön. Fårö 2007

Jünger, Ernst: Sämtliche Werke (in 18 Bdn.), Stuttgart 1978/83

Karlsson, Petter/Erséus, Johan: Från Snickerboa till Villa Villekulla. Stockholm 2004

Knoller, Rasso: Gotland. Bielefeld 2009

Langer, Joakim: Kung Kalle av Kurrekurreduttön. Stockholm 2002

Lawrence, D. H.: Der Mann, der Inseln liebte. Hamburg 2015

Marusarz, Annika/Eriksson, Anna/Boberg, Barbro Tryberg: Från
lada till salong. Visby 2018

Ostheimer, Michael/Zubarik, Sabine: Inseln und Insularitäten.
   Hannover 2016
Palmenfelt, Ulf: Spökplatser på Gotland. Stockholm 2005
Pauldrach, Hartmut: Tyska Soldater på Gotland 1945.
   Stockholm 2004
Press, Barry: Prinsessan Eugenie och Fridhem. Stockholm 1975
Ronström, Owe: Öar och öighet. Stockholm 2016
Sjöstrand, Tomas: En liten historia om Gotland. Helsingborg 2000
Solnit, Rebecca: Die Kunst, sich zu verlieren. München 2009
Dies.: The Faraway Nearby. New York 2013
Steinbeck, John: Die Reise mit Charley. Wien 2002
Stradford, Elaine/Baldacchino, Godfrey: Envisioning the Archipe-
   lago. In: Island Studies Journal 2011
Ullmann, Linn: Die Unruhigen. München 2018
Wassermann, Jakob: Tagebuch aus dem Winkel. Frankfurt am
   Main/Berlin 1987
Wisaeus, Lena: Som berusad av din närhet. Stockholm 2003

Dank

Die Arbeit an diesem Buch wurde unterstützt durch die Brush Creek Foundation for the Arts, Wyoming, und das Ventspils International Writers' and Translators' House, Lettland, die mir großzügig Raum und Zeit und Inspiration schenkten. Vor allem aber durch das Östersjöns författar- och översättarcentrum, Visby, ohne das ich Gotland nie auf solch intime Weise begegnet wäre.

Stellvertretend für alle, die für mich der Insel Bedeutung geben, danke ich Lena Emilsson, Thomas Lindholm, Patrik Muskos, Lauri Pappinen, Lena Pasternak, Owe Ronström, Inger & Jarl Tegebring, Bobbo Werkelin und Göran Willis dafür, dass sie ihre Geschichten mit mir geteilt und mir ihre Türen geöffnet haben.

Ich danke Kristina für die Geschichte ihrer Tante, Katharina und Heikko für ihren kritischen Blick, ihre kreative Hilfe und ihre Bereitschaft, immer wieder mit mir über meine Arbeit zu sprechen. Und Wolfgang für seinen unerschütterlichen Glauben an das Richtige.